ANIMATION DE GROUPES

Une démarche réflexive d'analyse

Paul Boudreault
Jean-Claude Kalubi

ANIMATION DE GROUPES

Une démarche réflexive d'analyse

CARTE **BLANCHE**

Les Éditions Carte blanche
1209, avenue Bernard Ouest
Bureau 200
Outremont (Québec)
H2V 1V7
Téléphone: (514) 276-1298
Télécopieur: (514) 276-1349
carteblanche@videotron.ca
www.carteblanche.qc.ca

Diffusion au Canada:
FIDES
Téléphone: (514) 745-4290
Télécopieur: (514) 745-4299

Distribution au Canada:
SOCADIS: (514) 331-3300

Dépôt légal: 4e trimestre 2006
Bibliothèque et archives nationales du Québec
ISBN 2-89590-083-3

Table

Remerciements

Les auteurs remercient vivement les personnes et organismes suivants pour leur aide et leur soutien :

- Yves Boudreault, p.-d.g. de Révolution Informatique, qui a développé le logiciel de soutien et qui continue à participer aux améliorations souhaitées par les utilisateurs de la démarche DRAP.
- Élisabeth Lesieux, Annie Monette et Valérie Daudelin, assistantes de recherche.
- Robert Forget (directeur scientifique) et Èva Kehaya (directrice scientifique) CRIR, Centre de recherche interdisciplinaire en Réadaptation.
- Le CRSH, Conseil de recherche en sciences humaines du Canada.
- Le GIRAFE, Groupe inter-réseau de recherche sur l'adaptation de la famille et de son environnement.

Les figures

Les tableaux

Avant-propos

Ce livre est le fruit d'une collaboration qui a débuté en 1996 dans le cadre des travaux sur le partenariat et la coopération touchant les services de santé et d'éducation. Ces recherches étaient et sont toujours menées au sein du Groupe inter-réseau de recherche sur l'adaptation de la famille et de son environnement (GIRAFE). Sur le plan du contenu, ce livre reflète la continuité des thèmes à l'étude, dans la mesure où l'accent est mis autant sur les rôles joués par les acteurs évoluant dans des milieux divers que sur la construction des liens de confiance, des sentiments de compétence et la responsabilité collective dans l'administration des services, et que sur le soutien offert aux personnes vivant avec différents types de besoins spécifiques. Sur le plan de la forme, ce livre marque une rupture majeure, dans la mesure où il met l'accent sur les innovations favorables à la transformation des systèmes de services. Les changements qu'il apporte sont non seulement d'ordre méthodologique, mais aussi et surtout d'ordre logistique.

D'une part, l'approche DRAP oriente les acteurs – sans égards à leurs différences – vers la mise en commun de leurs réflexions dans un cadre de discussion dominé par des comportements d'égal à égal. Ils sont encouragés à faire valoir leurs expertises, leurs arguments, leurs difficultés et leurs solutions. À cet égard, les expériences menées depuis dix ans se sont avérées concluantes. Elles ont dans plusieurs milieux aidé à améliorer le climat de collaboration, de coopération et de partenariat. Elles ont facilité de meilleurs résultats pour le partage des savoirs. Elles ont fourni des balises appropriées pour l'émergence de consensus entre acteurs.

D'autre part, l'approche DRAP – construite autour d'un logiciel d'analyse – répond à un besoin d'outils, condition prioritaire de l'engagement autodéterminé en faveur du partenariat. En effet, tous les milieux réclament des moyens pour rendre toujours plus compétents les acteurs engagés dans les processus de partenariat et de collaboration. Certes, ce processus exige une longue préparation dans différents domaines d'activité et de vie. Toutefois, faute de répondre de manière anticipative à toutes les attentes relatives aux compétences partenariales, il s'avère nécessaire de privilégier des outils susceptibles d'aider la plupart des acteurs à demeurer vifs d'esprit et à répondre en situation pratique et interactive aux exigences du *donner* et du *recevoir* ; cela représente la finalité du processus de prise de décision en commun et de résolution collective des problèmes qui se posent aux uns et aux autres.

Les étapes de l'approche DRAP visent à déboucher sur des actions concrètes dépassant les échanges stériles susceptibles de caractériser la plupart des groupes de discussion. Chaque moment prévu pour le groupe de réflexion amène à traduire le plus fidèlement possible les idées dominantes qui délimitent en même temps le domaine d'activité, d'étude ou d'application du groupe concerné.

Ce livre est subdivisé en quatre chapitres. Le premier chapitre est consacré à la description de la démarche, de son protocole et des fonctionnalités de son logiciel. Le deuxième chapitre explore le cadre de référence soutenant la méthodologie et justifiant les méthodes mixtes d'analyse des données ainsi que la sélection des indicateurs appropriés. Le troisième chapitre traite des niveaux d'analyse et d'interprétation. Il aborde les possibilités d'analyse du rythme d'engagement, à la fois des répondants et des analystes potentiels, à l'égard des démarches de formulation des solutions. Le dernier chapitre revient sur les questions de partenariat, pour montrer l'importance de la réflexion partagée et des trajectoires individuelles, dans des interactions d'initiation aux étapes de réciprocité effective et de prise de décision.

1

DESCRIPTION DU PROTOCOLE DE LA DÉMARCHE ET DES FONCTIONNALITÉS DU LOGICIEL DRAP

UN MODE D'ANIMATION DIRECTIF SUR LA FORME ET PARTICIPATIF SUR LE FOND

« L'animateur apporte au groupe tous les matériaux dont il a besoin pour produire les résultats demandés. Il doit être directif sur la forme pour permettre aux participants d'entrer rapidement dans le vif du sujet et d'être alors à plein rendement. Dans un atelier, la valeur ajoutée des participants est sur le fond, celle de l'animateur, sur la forme. Plus le résultat à produire est précis et concret, plus il sera facile à atteindre. »

Laure, F. (2004). *Le guide des techniques d'animation*. Paris: Dunod, 2e édition, p. 179.

Avec l'approche DRAP, la forme est très structurée pour mener à des solutions alors que le fond provient des idées formulées par les participants.

En tant qu'activité structurée, le groupe de réflexion s'organise dans un espace et un temps précis ; conséquemment, il ne pourra jamais être reproduit intégralement. D'où la nécessité de disposer d'un outil informatique efficace pour colliger et analyser une grande quantité de données associées à de multiples variables. La démarche réflexive DRAP répond à ces attentes puisqu'elle s'appuie sur les fonctionnalités d'un logiciel de gestion des idées qui facilite la collecte des données lors de la tenue d'un groupe de réflexion[1] (*focus group*). Tout au long de cette démarche, les multiples informations sont inscrites dans la base de données et classées au fur et à mesure de leur traitement par les membres de l'équipe d'utilisateurs.

UN LOGICIEL DE GESTION DES IDÉES

Pour différentes raisons, des groupes de personnes sont appelés à se rencontrer pour discuter d'un projet commun et réfléchir sur sa bonne marche. Que ce soit en vue de préciser un plan d'organisation pour les prochaines années ou pour échanger sur le fonctionnement des services, il est important de noter toutes les idées et de les regrouper en vue de cheminer vers la prise de décision. Ce logiciel s'applique à ces différentes situations en facilitant la collecte des informations et en les organisant de façon à permettre diverses formes de tri et d'analyse. Sommairement, la démarche DRAP est une réunion de personnes qui veulent réfléchir ensemble pour clarifier leurs perceptions en vue d'identifier des pistes de solutions afin de maintenir ce qui fonctionne, surmonter leurs difficultés et réaliser leurs souhaits.

Ainsi, l'ensemble de cette démarche comporte plusieurs étapes qui s'enchaînent de façon à atteindre les objectifs poursuivis. La

1. L'expression « groupe de réflexion » a été préférée à « groupe de discussion » pour traduire « focus group », parce qu'il n'y a pas vraiment de discussion des énoncés dans la démarche DRAP, mais plutôt une libre expression des idées autour de thèmes bien ciblés en fonction des objectifs du projet.

séquence des étapes, qui peut varier quelque peu selon les besoins, devrait habituellement se présenter selon l'ordre suivant :

1. Planification de la démarche
- 1.1 Clarifier les objectifs à atteindre
- 1.2 Préciser les thèmes à aborder
- 1.3 Choisir les participants à inviter
- 1.4 Déterminer les variables à contrôler
- 1.5 Organiser les modalités de fonctionnement et le calendrier de travail

2. Formulation des énoncés
- 2.1 Saisir les idées en atelier
- 2.2 Associer les énoncés aux variables préétablies
- 2.3 Regrouper les énoncés selon les thèmes
- 2.4 Fusionner les énoncés des ateliers

3. Classification des idées
- 3.1 Classer les énoncés par catégorie
- 3.2 Caractériser les énoncés avec des attributs
- 3.3 Créer un réseau notionnel des idées

4. Évaluation des énoncés
- 4.1 Évaluer en groupe lors de l'atelier
- 4.2 Évaluer individuellement à la suite de l'atelier
- 4.3 Compiler les valeurs des énoncés
- 4.4 Présenter les énoncés triés

5. Coconstruction des solutions
- 5.1 Rechercher des pistes de solutions pour les énoncés
- 5.2 Proposer des stratégies opératoires

6. Priorisation des pistes de solutions
- 6.1 Ordonner les pistes par thème
- 6.2 Évaluer chaque piste
- 6.3 Présenter les solutions selon les valeurs

7. Analyse des données
- 7.1 Illustrer et interpréter les données quantitatives
- 7.2 Traiter les données qualitatives

Ces étapes peuvent être réalisées dans un délai relativement court, s'il est jugé préférable de faire un travail intensif dans une période de temps très serrée. Pour chaque groupe, il faut toutefois prévoir au moins deux ateliers d'une durée d'environ 3 heures auxquelles s'ajoute une période supplémentaire afin de procéder aux évaluations des énoncés, si cette étape est retenue. Même s'il est possible d'animer des ateliers de 20 personnes, il demeure qu'un groupe de 10 à 15 participants est idéal pour permettre à chacun d'exprimer son point de vue, en évitant les frustrations causées par l'attente du tour de parole. Si le groupe de réflexion réunit un grand nombre de participants, il est préférable de faire plusieurs ateliers en parallèle et de réaliser, par la suite, une fusion des fiches de données. De même, il est possible de réduire la durée en coupant certaines étapes. Par exemple, les étapes 3 et 4, relatives à la classification et à l'évaluation des énoncés, peuvent être éliminées. Bien entendu, cela affectera les analyses quantitatives, qualitatives, fonctionnelles et de contenus. Cependant, l'identification de meilleures solutions pour répondre aux préoccupations initiales demeure tout à fait réalisable.

L'animation des ateliers est soutenue par le logiciel de gestion des informations ; les énoncés sont affichés sur grand écran au fur et à mesure de leur formulation par les participants, permettant ainsi à la personne émettrice d'en valider le contenu. Il n'est donc pas nécessaire que l'animateur[2] ait des feuilles de notes à sa disposition ; la personne agissant comme secrétaire d'atelier s'occupe de la prise de notes et inscrit chaque idée dans la base de données. De cette façon, non seulement aucune idée ne se perd, mais de plus, toute l'attention des participants reste centrée sur la réflexion autour des objectifs, en référence au thème abordé. Le logiciel enregistre les données et prépare également différentes formes de tri des informations. Comme chaque énoncé est immédiatement classé selon le groupe d'appartenance de l'émetteur et le type de

2. Afin d'éviter les répétitions, le masculin sera utilisé pour désigner la personne qui anime l'atelier.

formulation, il est en tout temps possible de revenir sur des énoncés déjà formulés. La complicité des rôles d'animation et de secrétariat d'atelier, pour ne pas dire leur symbiose, constitue un atout majeur pour la réussite de la démarche.

Il revient à l'animateur de diriger les échanges de façon à favoriser l'émergence d'idées provenant de tous les participants. Il n'y a pas d'ordre prédéfini pour les droits de parole car le logiciel permet de passer facilement d'une page à l'autre pour inscrire les énoncés. Dans un premier temps, au moment de la formulation des énoncés, les idées ne sont aucunement discutées : le secrétaire[3] d'atelier se contente d'inscrire le libellé des énoncés tels que mentionnés. À cette étape-ci, toutes les idées sont considérées comme étant bonnes ; le tri des informations s'effectuera plus tard.

PLANIFIER UNE CONSULTATION ÉLARGIE

Il n'est pas nécessaire d'être un chercheur émérite pour réaliser un nouveau projet. Il suffit d'avoir une idée et de savoir la mener à terme. Les bonnes idées peuvent émaner aussi bien de l'employé de soutien que du gestionnaire ou du professionnel. C'est souvent d'ailleurs des échanges entre les différentes personnes concernées que jaillissent les meilleures solutions pour réaliser les objectifs d'un projet.

Lors des ateliers de remue-méninges, ce ne sont habituellement pas les idées qui manquent. Cependant, les gens quittent trop souvent ces rencontres en disant qu'ils sont restés sur leur appétit, en ayant l'impression que leurs idées ne trouveront pas d'écho dans le groupe. Dans ce cas, soit la démarche n'a pas permis de poursuivre la réflexion jusqu'à la recherche de solutions aux situations problématiques, soit les participants retiennent qu'ils ont été consultés, sans être toutefois impliqués comme de véritables partenaires contribuant à la construction de nouveaux savoirs. Dans un remue-

3. Afin d'éviter les répétitions, le masculin sera utilisé pour désigner la personne qui inscrit les idées.

méninges traditionnel, il est souvent difficile de réunir ou récupérer toutes les idées à la fin de l'atelier ; or les fonctionnalités informatiques de la démarche DRAP permettent de mettre de l'ordre dans toutes ces idées. Voilà pourquoi cette démarche propose un cheminement rigoureux qui conduit à l'identification de meilleures solutions pour :

- maintenir ce qui fonctionne adéquatement (aspects positifs) ;
- surmonter les difficultés (aspects négatifs) ;
- répondre aux besoins soulevés (souhaits).

Le logiciel, qui est avant tout un outil de soutien à l'animation, s'avère facile d'utilisation. Des adaptations peuvent être effectuées rapidement en fonction des différentes situations, des objectifs poursuivis, du nombre de participants et du temps disponible. Voici, de façon détaillée, une description des différentes étapes de la démarche, ainsi que des précisions requises pour faciliter la réalisation d'un projet.

1. PLANIFICATION DE LA DÉMARCHE

Il est nécessaire au départ d'être au clair avec les raisons pour lesquelles un groupe de réflexion doit être tenu (un projet de recherche, un projet d'intervention, d'animation sociale, etc.). Que les personnes se réunissent pour faire le bilan de l'année qui se termine ou une planification stratégique pour la prochaine année, qu'elles échangent autour des modifications à apporter au sein de l'entreprise pour en augmenter la productivité, qu'elles souhaitent faire connaître les points de vue semblables et différents des collaborateurs dans un conseil d'établissement scolaire, ou qu'elles participent à une recherche sur le partenariat inter-réseaux des professionnels de divers services, il importe de bien planifier les étapes pour assurer le succès de la démarche.

Les principales règles à respecter n'appartiennent pas en propre à la démarche DRAP, mais bien à la méthodologie choisie, soit celle des groupes de réflexion. Ainsi, les participants doivent vivre cette expérience dans un climat de respect mutuel (Laure, 2004). Il faut donc s'appliquer à mettre en place ce climat, essentiel à une participation active de chacun comme à l'émergence des meilleures idées.

Au-delà du contexte, il faut accorder beaucoup d'importance à l'étape de planification, car la dynamique de l'atelier et la richesse des informations recueillies en dépendent. Il est important que toutes les étapes s'enchaînent de façon harmonieuse et que les participants voient clairement, dès le début de l'atelier, que :

- les objectifs sont clairs, c'est-à-dire qu'ils indiquent bien les résultats recherchés ;
- les participants comprennent bien leurs rôles et les attentes à leur égard ;
- les thèmes à aborder intéressent vraiment les participants, qu'ils sont centrés sur les objectifs et la recherche de solution ;
- les types d'énoncés suggérés favorisent l'expression des perceptions des participants relatives aux aspects positifs et négatifs, et à leurs besoins.

Il est important que les participants considèrent d'entrée de jeu que l'activité est bien organisée, que l'animateur sait gérer les échanges de façon à faire émerger les idées dans le plus grand respect de chacun. S'ils se sentent interpellés par les objectifs et les thèmes, s'ils ressentent qu'il ne s'agit pas d'une consultation factice, l'implication des participants est garantie. Le fait que toutes les idées soient tout de suite enregistrées et classées en fonction de la recherche de solutions contribue grandement à stimuler les personnes à participer activement aux différentes étapes de la démarche.

1.1 Clarifier les objectifs à atteindre

Un objectif est avant tout un résultat à atteindre. Il guide l'ensemble des actions de la démarche. Dans la démarche DRAP, il n'y a pas de limite quant au nombre d'objectifs ; ce qui importe, c'est que tous les objectifs demeurent liés au projet et représentent des résultats attendus à la fin des diverses opérations. Plusieurs auteurs ont défini l'objectif dans un sens opérationnel s'appliquant à des situations pratiques. Ramond (2002) définit ainsi le mot *objectif* dans une perspective de gestion des équipes : « un résultat mesurable attendu à une échéance précise grâce à la mise en œuvre d'actions appropriées » (p. 37). Il précise en outre qu'un objectif doit viser la recherche d'un résultat réel mettant en comparaison la situation nouvelle avec la situation ancienne.

Le caractère opératoire de l'objectif est lui aussi à retenir. Pour être opératoire, un objectif doit être observable et mesurable. Legendre (2005) apporte des précisions sur la nécessité de formuler un objectif dans l'optique d'une vérification de l'atteinte à la fin des étapes. Pour ce faire, il est nécessaire qu'un verbe d'action détermine ce qui est attendu. En particulier, Legendre fournit une liste de verbes pouvant être utilisés pour la formulation d'objectifs opératoires, dans différents domaines d'activités tels : aspects cognitif, affectif, social et scientifique (p. 953). Par contre, des buts trop généraux ne permettent pas, à la fin de l'exercice, de vérifier si les ateliers ont vraiment été utiles avec la démonstration de l'atteinte de résultats concrets. Par exemple, il ne suffit pas de dire « mieux fonctionner que l'an dernier ».

Les objectifs font souvent partie de la formulation même du projet. Ainsi, les grandes lignes peuvent simplement être retranscrites dans les rubriques. Deux, trois ou quatre phrases suffisent pour résumer les raisons qui justifient ces rencontres en groupes de réflexion. Elles peuvent de plus servir de leitmotiv au démarrage des formulations d'énoncés.

Il importe d'abord que les participants s'approprient l'objectif ou les objectifs de la démarche. Habituellement, la recherche de réponses vise une préoccupation vécue par l'ensemble des participants. Même si ces objectifs peuvent être rédigés avant que ne débutent les ateliers, il est tout de même préférable d'en reprendre le libellé en groupe, afin de s'assurer que tous les participants partagent une même compréhension. Il est facile d'ajouter un nouvel objectif sur place, ce qui démontre aussi une ouverture à l'égard des opinions des participants.

La formulation de chaque objectif facilite l'élaboration des questions de base qui vont amorcer l'atelier. Par exemple, dans le cadre d'un projet visant à faire le bilan des activités de la dernière année, un objectif pourrait porter sur le fonctionnement de l'ensemble de l'équipe. Sa formulation pourrait ressembler à : « Trouver les meilleures stratégies pour réduire le temps d'attente avant d'obtenir un service offert par l'établissement. » Il est alors possible, pour l'animateur, d'ouvrir l'atelier en mentionnant qu'il y a lieu de relever, d'abord, ce qui a bien fonctionné (aspects positifs) et ce qui a moins bien fonctionné (aspects négatifs), avant d'orienter trop rapidement les échanges sur les pistes de solutions.

Comme le recommande Laure (2004, p. 34), il importe de partir de la perspective des participants pour lancer l'animation d'un groupe. Si, en plus de prendre en compte les intérêts des participants, chaque objectif identifie clairement ce qui est attendu, cela constitue un élément de motivation qui mobilise les énergies de chacun vers sa réalisation (Ramond, 2002, p. 38). C'est aussi pourquoi Laure parle d'« objectif pédagogique » destiné à rallier les participants, avant de parler « d'objectif opérationnel » qui concerne davantage le résultat. Telle qu'elle est conçue, la démarche DRAP facilite grandement cette tâche parce que toutes les idées sont notées à des fins de traitement, aussi bien au plan qualitatif que quantitatif (voir figure 1).

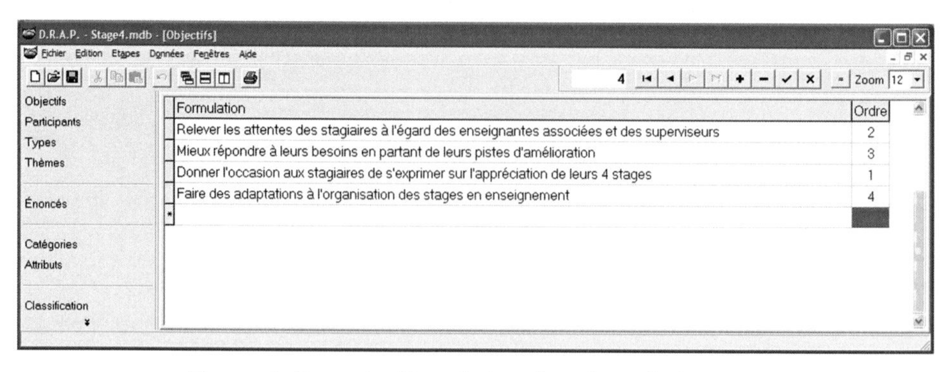

Figure 1. Exemple d'inscription des objectifs du projet

1.2 Préciser les thèmes à aborder

Dans certains types de travaux de recherche, les thèmes d'analyse correspondent aux questions initiales de recherche. Toutefois, dans la majorité des projets, les thèmes découlent implicitement des objectifs. Les gens s'en servent en quelque sorte comme points à l'ordre du jour ; d'où la pertinence de les placer dans un ordre séquentiel logique. C'est ainsi, par exemple, que le Conseil québécois de l'agrément (CQA) a organisé l'étude du fonctionnement des établissements du réseau de la santé et des services sociaux autour de 24 processus ordonnés à partir des aspects administratifs, puis cliniques, pour terminer par les aspects plus techniques comme les ressources financières, matérielles et informatiques (http ://www.agrement-quebecois.ca/).

Bien qu'il n'y ait pas de limite au nombre de thèmes à traiter dans un projet, cet exemple de la démarche proposée par le CQA qui comporte 24 thèmes ne peut être réalisée dans un délai raisonnable de quelques jours, d'autant plus qu'un nombre important d'intervenants, en rapport avec tous les services de l'établissement, se trouvent impliqués. De façon plus réaliste, et considérant le temps requis pour passer à travers toutes les étapes de la démarche, il est préférable, dans la plupart des projets, de choisir 4 à 8 thèmes.

À partir de quelques exemples fournis par l'animateur, les participants deviennent rapidement plus habiles à formuler leurs idées en lien avec le premier thème proposé. La question de départ énoncée par l'animateur, tout en ne fournissant aucun indice susceptible d'orienter son sens, incite les participants à s'exprimer sur un thème donné. Par exemple, l'animateur pourrait, sur un ton neutre, introduire le thème relatif aux aspects financiers en invitant les participants à faire part de leurs expériences positives et négatives en regard des finances de l'entreprise ou de leur service.

Idéalement, un mot ou une locution est utilisé pour désigner un « thème ». Il ne s'agit pas uniquement d'une question d'économie d'espace à l'écran, mais aussi d'une question de repérage dans l'ensemble du projet, comme dans une représentation schématique des thèmes du projet. Il est d'ailleurs pertinent de bâtir un tel schéma afin de permettre aux participants de visualiser, d'un seul coup d'œil, l'ensemble des thèmes qui seront abordés, ainsi que les liens qui existent entre eux. Par exemple, il serait utile de savoir qu'après avoir traité des ressources financières, le thème des ressources humaines suivra (voir figure 2).

SERVICES	OPÉRATIONS	RESSOURCES
Clientèle 1. Déterminer les valeurs 2. Gérer les insatisfactions 3. Évaluer la satisfaction **Offre de services** 4. Déterminer les programmes 5. Informer la clientèle **Rapports avec les partenaires** 16. Établir des collaborations 17. Gérer les bénévoles	**À l'interne** 6. Encadrer les intervenants 7. Superviser les intervenants 8. Accueillir les demandes 9. Planifier les interventions 10. Gérer les ressources familiales 11. Gérer les listes d'attente 12. Gérer les protocoles cliniques 13. Gérer les situations de risque 14. Gérer les renseignements personnels 15. Gérer la recherche/enseignement	**Humaines** 18. Déterminer les engagements 19. Gérer les ressources humaines 20. Évaluer la contribution 21. Développer les compétences **Financières, matérielles, informatiques** 22. Gérer les ressources financières 23. Gérer les ressources matérielles 24. Gérer les ressources informatiques

Figure 2. Sommaire des 24 processus (thèmes) du CQA

1.3 Choisir les participants à inviter

Tout dépendant des objectifs du projet, il peut être nécessaire de solliciter la participation des personnes directement concernées. S'il s'agit de faire le bilan d'une intervention policière d'envergure – visant à savoir ce qui a bien fonctionné et ce qui n'a pas donné les résultats escomptés, afin d'intervenir de manière plus efficace à l'avenir – les personnes au cœur de l'action doivent être impliquées. Toutefois, cela n'empêche pas la participation des spécialistes du domaine qui amèneront d'autres points de vue ou des opinions moins teintées de subjectivité.

Solliciter la participation de l'ensemble des acteurs d'un projet peut se révéler trop ambitieux compte tenu de leur nombre souvent très élevé. Il s'avère alors nécessaire de procéder à des choix, contrôlés ou non. Par exemple, pour connaître le point de vue de tous les employés d'un concessionnaire automobile, il serait inapproprié de ne solliciter que les mécaniciens. Des représentants de chacun des corps d'emploi devraient être invités. De plus, la désignation des représentants doit aussi être basée sur les objectifs poursuivis. Si, par exemple, les services à la clientèle, comme l'accueil au comptoir des pièces, font l'objet d'un thème, il ne faudrait pas oublier de solliciter la participation des clients ; tout comme il ne faudrait pas inviter uniquement des clients satisfaits. Toutefois, une part de hasard doit aussi être à l'origine de la participation des individus. En effet, dans le cas où les organisations préfèrent laisser à leurs groupes le soin de désigner leurs représentants, des conflits d'intérêt ou un manque d'objectivité visant à faire valoir des opinions dans le sens souhaité peuvent émerger. Plusieurs formules peuvent s'appliquer mais, dans une optique partenariale, il y a lieu de favoriser l'exercice du droit de parole pour tous les membres de groupes.

Dans le même sens, il serait nécessaire que les groupes soient proportionnés de manière à éviter les préjugés liés à un avantage numérique, tout au moins, lors des échanges. Il est ainsi préférable de retrouver un nombre équivalent de représentants pour chaque groupe afin que ces derniers puissent se sentir libres de s'exprimer dans un rapport d'égalité. Cet aspect constitue d'ailleurs l'une des caractéristiques d'un véritable partenariat. La représentativité des groupes est un critère important à respecter. S'il fallait, par exemple, qu'il y ait deux fois plus de gestionnaires que de professionnels autour de la table pour travailler sur un projet de planification stratégique en vue des cinq prochaines années, il devient alors probable que prédomine, dans les énoncés, un angle de vision faisant état de la situation actuelle et les pistes de solutions proposées pour la situation désirée. Bien qu'un nombre inégal de participants par groupe représenté ne signifie pas *ipso facto* un déséquilibre des points de vue, il demeure que, dans le rapport de force susceptible d'apparaître lors des échanges, un malaise pourrait être ressenti de la part des personnes des groupes minoritaires.

CLARIFIER LE RÔLE DES PARTICIPANTS

En identifiant les participants, que ce soit par leur prénom ou par leur fonction, les analyses vont s'en trouver enrichies parce qu'il deviendra possible d'associer les énoncés aux personnes ou au groupe de personnes qui les auront formulés.

Par ailleurs, dans l'éventualité ou les évaluations des énoncés ne seraient pas personnalisées, c'est-à-dire que les valeurs attribuées aux énoncés ne seraient pas associées au nom de chaque participant, il y aurait lieu de prévoir une autre inscription «tous les participants» afin de créer les cellules nécessaires aux entrées de valeurs sans affiliation à une personne au moment de l'étape portant sur l'évaluation des énoncés. La figure 3 montre une entrée des prénoms de participants.

Sachant que la répartition des participants revêt une certaine importance dans la suite des opérations, il y a lieu de prévoir, dans la planification, le choix des regroupements, homogènes ou hétérogènes. Par exemple, dans une recherche portant sur les services scolaires, les parents et les enseignants pourraient se retrouver dans un même groupe ou dans des groupes distincts. Ce choix s'impose au moment de la planification des ateliers, en fonction des « objectifs » poursuivis et des « thèmes » à traiter. Non seulement la dynamique du groupe va différer selon que celui-ci est homogène ou hétérogène, mais il y a lieu de croire également que la formulation des énoncés se fera autrement. De tels choix méthodologiques méritent une attention particulière qu'il faudra justifier au moment de l'analyse des données. Lorsque des groupes ne partageant pas nécessairement les mêmes idées à l'égard d'un projet sont représentés autour de la table, les participants sont plus ou moins consciemment invités à nuancer leurs propos (voir figure 3).

1.4 Déterminer les variables à contrôler

Tout dépendant des objectifs, il y a plus ou moins de variables à définir dès l'étape de la planification, ne serait-ce que les données descriptives identifiant le groupe d'appartenance des émetteurs

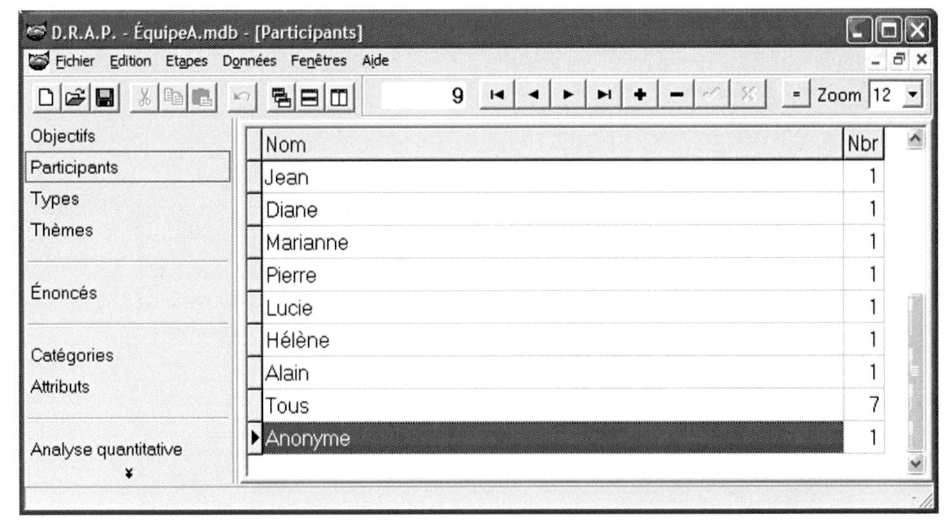

Figure 3. Exemple d'inscription des participants à un atelier

d'idées. Il faut retenir que plus les variables sont précises, plus fines seront les analyses. À la rigueur, tous les énoncés pourraient rester anonymes, mais il deviendrait impossible à la fin de savoir ce que pense chacun des groupes d'acteurs.

Si, pour une raison ou pour une autre, il n'est pas souhaitable que les participants soient identifiés nommément, il y a la possibilité de les associer à un groupe d'appartenance par profession (ex. : psychologues, orthophonistes, ergothérapeutes, physiothérapeutes) ou autres caractéristiques (ex. : hommes, femmes, milieu rural, milieu urbain, etc.). Ainsi, les idées seront attribuées au groupe de sorte que tous les énoncés qu'ils formuleront refléteront les perceptions du groupe concerné, sans être davantage personnalisés. Si c'est là le souhait des participants, il faut reconnaître d'entrée de jeu que les perceptions ne pourront être nuancées en fonction de chaque personne lors des analyses. Parfois, il peut être très utile de savoir que les pères pensent telle ou telle chose alors que les mères témoignent d'un tout autre avis, tout en prenant en compte, par exemple, leur classe d'âge. Ainsi, plus les variables seront affinées, plus les interprétations discriminantes seront fines dans le rapport d'analyses.

Si plusieurs ateliers portant sur un même projet fonctionnent en parallèle, la comparaison des idées d'un groupe de participants par rapport à un autre pourrait fournir des informations pertinentes afin de comprendre et saisir le sens des caractéristiques de chacun des groupes. Une étude qui porterait sur les perceptions des étudiants en formation à l'enseignement à l'égard de leur stage aurait avantage à distinguer les stagiaires selon leur sexe, leur expérience, leur programme d'études et l'ordre de ce stage dans leur formation. Il en découlera ainsi une analyse plus fine des besoins de chacun des groupes, qui débouchera sur des recommandations plus appropriées à l'intention des milieux d'accueil et des superviseurs.

Les « thèmes » ne constituent pas en soi des variables à contrôler parce que, d'une part, il est toujours possible d'ajouter un thème en cours de route et que, d'autre part, certains énoncés peuvent sembler appartenir à plus d'un thème. De plus, lors d'une étape ultérieure, surtout lorsqu'il y a un très grand nombre d'énoncés pour un même thème, il est préférable de faire une nouvelle catégorisation afin de subdiviser les idées en des sous-ensembles plus signifiants.

Dès la planification de la démarche, il est intéressant de prévoir, en vue des analyses de contenu, la classification de chaque énoncé selon le type de formulation. Dans la plupart des situations, les idées sont formulées de façon à traduire ce qui fonctionne correctement

PRÉVOIR LES TYPES D'ÉNONCÉS EN FONCTION DES OBJECTIFS

Selon la nature du projet et les objectifs visés, il faut retenir trois types d'énoncés qui vont caractériser l'esprit de l'idée formulée. La plupart du temps, lorsqu'un participant exprime une idée faisant appel à son vécu, le contenu de l'énoncé va témoigner de la satisfaction, de l'insatisfaction, d'un besoin ou d'un souhait. Voici quelques exemples de types d'énoncés susceptibles de s'adapter à la plupart des projets.

Positif (P)	Force (+)	Ce que j'aime (A)	Ce qui va bien (+)	Ce que j'ai vécu (V)
Négatif (N)	Faiblesse (-)	Ce que je n'aime pas (P)	Ce qui va mal (-)	Stratégies d'adaptation (S)
Besoin (B)	Souhait (S)	Ce que je désire (D)	Ce qu'il me faut (F)	Ce qu'il me reste à faire (?)

(aspect positif), ce qui n'est pas satisfaisant (aspect négatif) ou encore ce qui représente un besoin. D'autres critères de tri peuvent également être employés pour refléter davantage les objectifs poursuivis.

À cette étape-ci, il ne faut pas que les énoncés deviennent des avenues de solutions. Par exemple, ainsi formulé, cet énoncé devient une piste de solutions : « Il faudrait embaucher une secrétaire supplémentaire dans mon service. » Avant de chercher des pistes de solutions qui représentent la situation désirée, il faut d'abord ressortir tous les éléments qui constituent, selon les perceptions des participants, la situation actuelle. Sans perdre de vue l'idée principale, il demeure possible, dans un premier temps, de noter cette préoccupation, soit sous forme d'un aspect négatif : « Il n'y a pas assez de personnel au secrétariat pour rédiger rapidement mes rapports », soit sous forme d'un besoin : « Je voudrais avoir un meilleur soutien du secrétariat pour la rédaction de mes rapports professionnels ». À la demande de l'animateur, il revient à la personne émettrice de valider l'énoncé dans la perspective qui correspond le mieux à sa représentation de la situation (voir figure 4).

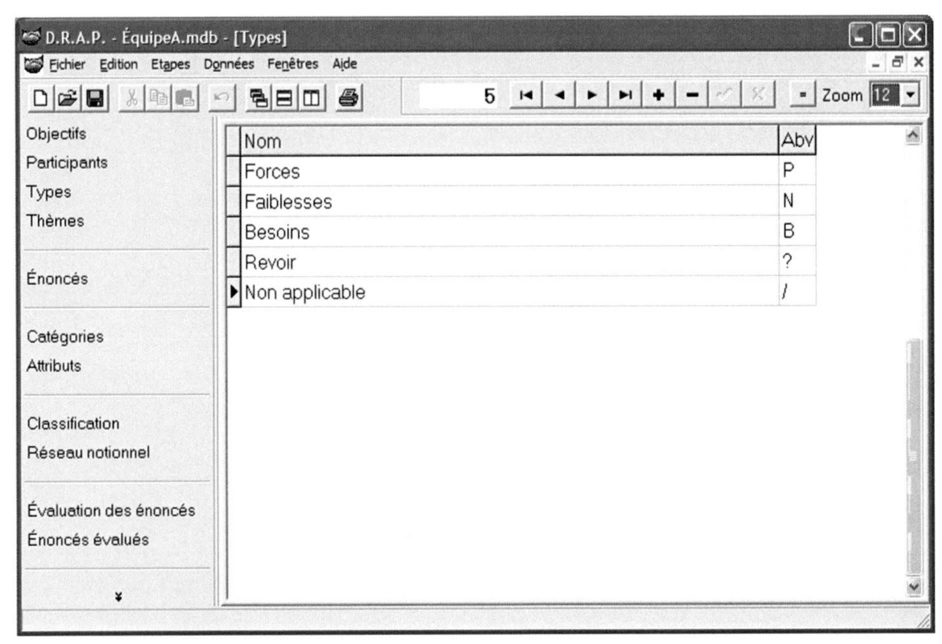

Figure 4. Exemple d'identification des types d'énoncés

Dès le début, l'animateur s'assure de la bonne marche de cette activité en présentant l'exercice à l'aide d'exemples de formulation d'énoncés, de manière à éviter d'avoir à reformuler souvent des énoncés. Il pourrait même y avoir des exemples affichés sur un tableau comme points de repères.

1.5 Organiser les modalités de fonctionnement et le calendrier de travail

Toute l'organisation des groupes de réflexion repose habituellement sur les épaules d'une seule personne qui doit veiller à la synchronisation de plusieurs tâches, étapes et activités. Outre les réservations et l'aménagement des salles, il est nécessaire d'orchestrer les horaires des participants pour s'assurer du succès de la démarche. Parmi les tâches essentielles qui y sont liées, il faut prévoir des espaces de temps suffisants pour la réalisation de chacune des étapes. Même si plusieurs facteurs échappent au contrôle de l'animateur, comme l'intérêt suscité par un thème ou la verve des participants, il faut tenter de prévoir le temps requis pour animer correctement un atelier.

Des expériences semblables dans différents contextes permettent d'estimer qu'à l'intérieur d'une période d'environ trois heures, il est possible de tenir un atelier de remue-méninges pour permettre à une quinzaine de participants de formuler des énoncés, jusqu'à saturation, sur 5 ou 6 thèmes distincts. Il en va de même pour le second atelier portant sur la recherche de pistes de solutions.

De façon réaliste, il faut donc prévoir pour un même groupe de participants une première rencontre pour formuler des énoncés sur la situation actuelle, puis une autre, une semaine ou deux plus tard, pour formuler des pistes de solutions visant à maintenir ce qui fonctionne bien (les énoncés positifs), surmonter les difficultés (les énoncés négatifs) et réaliser les besoins, qui se traduisent facilement en pistes de solutions.

À ces rencontres formelles s'ajoutent d'autres tâches pour les participants. Même si ce n'est pas essentiel de procéder à l'évaluation des énoncés, les informations qui en découlent précisent le niveau d'accord des participants pour chacun des énoncés. Si cette étape est prévue, il faut laisser suffisamment de temps entre les deux ateliers pour que les participants puissent faire l'évaluation des énoncés et qu'un personnel de secrétariat complète les entrées de ces valeurs dans la base de données. Afin de faciliter la recherche de pistes de solutions, les énoncés compilés avec leurs valeurs moyennes sont remis aux participants au début du second atelier. Ces derniers sont alors en mesure d'accorder plus d'importance aux énoncés ayant obtenu des valeurs moyennes élevées et faisant l'objet d'un consensus au sein du groupe de participants selon l'écart type.

Le schéma montrant l'ensemble des étapes résume bien les différentes opérations à réaliser dans l'étape préalable de planification (voir figure 5). L'étape suivante constitue la pierre angulaire de toute la démarche ; elle représente les assises sur lesquelles seront bâties les avenues de solutions, puis les recommandations finales sur le projet.

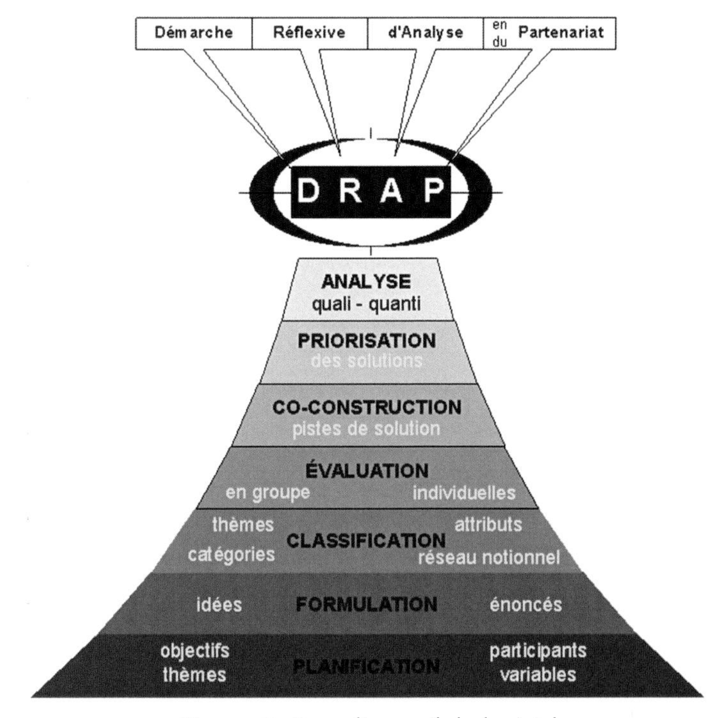

Figure 5. Page d'accueil du logiciel

2. FORMULATION DES ÉNONCÉS

Lors du groupe de réflexion, les participants, regroupés autour d'une table en forme de U, sont en mesure de voir un grand écran sur lequel s'affichent leurs énoncés au fur et à mesure de leur formulation. L'animateur se place de façon à faire face à chacun des participants pour mieux coordonner les échanges. Son rôle consiste surtout à susciter une participation active des acteurs en gérant le droit de parole et en les invitant à préciser leur pensée, puis à valider les énoncés tels que rédigés. Pendant ce temps, un peu en retrait, un secrétaire d'atelier gère les entrées de données au clavier en les faisant apparaître sur l'écran.

2.1 Saisir les idées en atelier

La personne qui anime l'atelier invite les participants à formuler, en une phrase, un énoncé qui répond à une première question correspondant au premier thème retenu. La question de départ de ces remue-méninges, tout en précisant l'idée maîtresse du thème, doit rester neutre pour ne pas donner une orientation aux points de vue à exprimer. Par exemple, dans un atelier dont le projet concerne le partenariat, le premier thème intitulé « attentes » pourrait être introduit par la phrase suivante : « Quelles sont mes attentes à l'égard de mes partenaires actuels ? »

Il est préférable que les participants commencent leur phrase en indiquant tout de suite le type d'énoncé et en le personnalisant afin de faciliter le travail d'entrée de données. L'animateur doit prévoir, surtout au début, de reformuler certains énoncés. Il garde toujours à l'esprit que l'énoncé formulé doit être suffisamment explicite pour être signifiant en soi. En effet, comme chacun de ces énoncés fera plus tard l'objet d'une évaluation, puis d'une association à une piste de solutions, il importe de les formuler clairement. À la fin de l'exercice de remue-méninges, dans un ensemble de plus d'une centaine d'énoncés, chaque idée doit se distinguer des autres par son contenu. Ainsi, un participant pourrait exprimer son idée en disant : « J'ai un énoncé positif à formuler : j'apprécie les facilités d'accès à mes courriels à partir de la maison. »

Chaque énoncé doit tenir dans une phrase, intrinsèquement explicite. Les explications afférentes, si nécessaires, peuvent être insérées dans une autre rubrique appelée « commentaires ». Cet ajout au texte ne fait pas partie intégrante de l'énoncé, mais en facilite la compréhension. Il faut se rappeler que, parfois, il s'écoulera une semaine avant que chacun de ces énoncés ne soit soumis aux participants pour l'évaluation ; il importe donc que tous en saisissent la signification.

Des auteurs suggèrent d'animer les groupes de réflexion en fournissant l'occasion à chacun des participants de donner son point de vue, à tour de rôle. Certains, comme Ramond (2002), recommandent même de rencontrer individuellement chacun des membres d'une équipe, en plus des ateliers de groupe. En fait, ce qu'il convient surtout de retenir, c'est qu'il faut respecter le droit de parole demandé par un petit signe sans nécessairement suivre le traditionnel tour de table dans le sens des aiguilles d'une montre. Il est plus dynamique de laisser libre cours aux idées en permettant à chacun de rebondir sur l'idée d'un autre. Une telle pratique n'empêche pas l'animateur d'inviter ceux qui parlent moins à faire part de leur opinion avant de passer à un autre thème (voir figure 6).

Il faut se rappeler qu'à cette étape-ci, toutes les idées sont acceptables et qu'il n'y a pas de discussion. Si un participant n'est

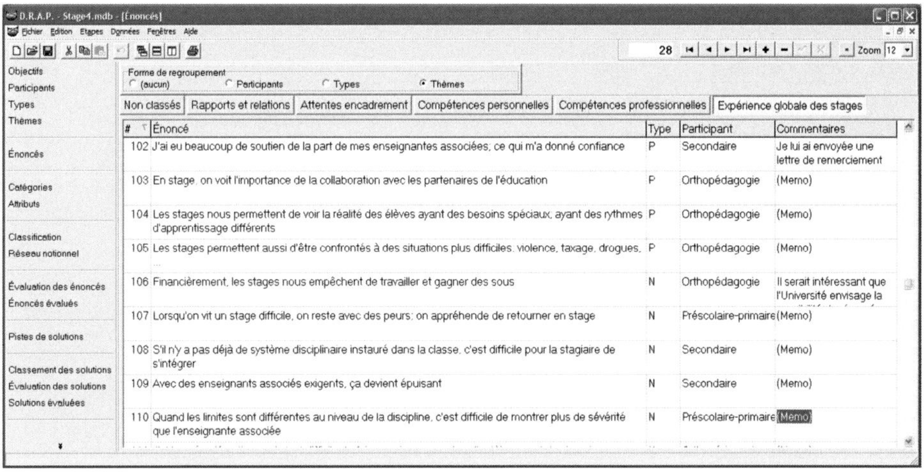

D.R.A.P. - Stage4.mdb - [Énoncés]

Fichier Edition Etapes Données Fenêtres Aide

28 Zoom 12

Objectifs
Participants
Types
Thèmes
Énoncés
Catégories
Attributs
Classification
Réseau notionnel
Évaluation des énoncés
Énoncés évalués
Pistes de solutions
Classement des solutions
Évaluation des solutions
Solutions évaluées

Forme de regroupement: (aucun) Participants Types Thèmes

Non classés | Rapports et relations | Attentes encadrement | Compétences personnelles | Compétences professionnelles | Expérience globale des stages

#	Énoncé	Type	Participant	Commentaires
102	J'ai eu beaucoup de soutien de la part de mes enseignantes associées; ce qui m'a donné confiance	P	Secondaire	Je lui ai envoyée une lettre de remerciement
103	En stage, on voit l'importance de la collaboration avec les partenaires de l'éducation	P	Orthopédagogie	(Memo)
104	Les stages nous permettent de voir la réalité des élèves ayant des besoins spéciaux; ayant des rythmes d'apprentissage différents	P	Orthopédagogie	(Memo)
105	Les stages permettent aussi d'être confrontés à des situations plus difficiles: violence, taxage, drogues, ...	P	Orthopédagogie	(Memo)
106	Financièrement, les stages nous empêchent de travailler et gagner des sous	N	Orthopédagogie	Il serait intéressant que l'Université envisage la
107	Lorsqu'on vit un stage difficile, on reste avec des peurs; on appréhende de retourner en stage	N	Préscolaire-primaire	(Memo)
108	S'il n'y a pas déjà de système disciplinaire instauré dans la classe, c'est difficile pour la stagiaire de s'intégrer	N	Secondaire	(Memo)
109	Avec des enseignants associés exigents, ça devient épuisant	N	Secondaire	(Memo)
110	Quand les limites sont différentes au niveau de la discipline, c'est difficile de montrer plus de sévérité que l'enseignante associée	N	Préscolaire-primaire	(Memo)

Figure 6. Exemple de saisie des énoncés avec commentaires

pas d'accord avec le point de vue d'un autre, il ne faut pas discuter. Il suffit de formuler un autre énoncé, même s'il traduit une idée diamétralement opposée. Ce sera au moment de l'évaluation des énoncés, lors d'une étape future, qu'ils se distingueront, par l'appréciation des autres participants.

2.2 Associer les énoncés aux variables préétablies

Il est préférable d'associer tout de suite les énoncés à un « participant » et à un « type » d'énoncé, car il peut être difficile de le faire plus tard en raison de l'accumulation rapide des idées. Il demeure toujours possible de demander par la suite qui a formulé tel ou tel énoncé. On ne retrouve pas la même contrainte avec les types, dans la mesure où ceux-ci peuvent être associés plus tard. Toutefois, dans certains cas, la nuance entre un énoncé négatif et un besoin est mince ; c'est souvent davantage dans l'interaction, dans la verbalisation (plutôt que dans le libellé) que transparaît le type d'énoncé. Par exemple, la phrase « Il me faudrait plus de temps pour rédiger mes rapports » traduit à la fois un aspect négatif – soit le manque de temps accordé pour réaliser cette tâche – et un besoin – soit d'obtenir une période de temps plus longue pour la faire. D'où l'importance de faire valider l'adéquation de l'énoncé, tel que rédigé, pour être certain de bien respecter l'idée de la personne émettrice et de conserver l'accent qu'elle veut mettre sur l'un ou l'autre aspect.

Il existe plusieurs façons de procéder pour la saisie de données ; la façon la plus simple consiste à partir de la page « thème ». Ainsi, il ne reste plus qu'à choisir le type d'énoncé ainsi que le nom du participant émetteur dans la liste. Même à ce niveau le type peut être fourni plus tard, à la fin de l'atelier, avec cependant la réserve mentionnée dans le paragraphe précédent.

Dans le cas de situations particulières où il y a une idée qu'il ne faudrait pas perdre, mais qui s'avère difficile à exprimer clairement, il convient de soumettre cette idée à un traitement ultérieur. L'énoncé pourrait être écrit, puis associé à un « type » temporaire indiquant que l'énoncé doit être revu à la fin de l'atelier.

D'autres variables qui ne figurent pas nécessairement dans la base de données peuvent aussi être prises en compte au moment

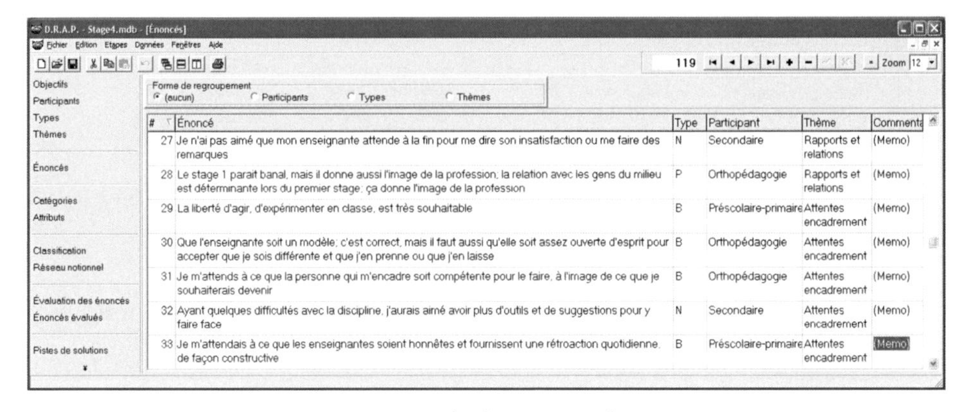

Figure 7. Exemple d'une page d'énoncés

des analyses de données. En particulier, on peut songer aux données descriptives des participants aux ateliers. Si ces derniers sont identifiés nommément, leurs caractéristiques personnelles comme l'âge, le sexe, la profession sont susceptibles d'aider à fournir des explications sur certaines représentations. De même, si les partenaires sont identifiés selon les titres d'emplois, les analystes pourront faire des liens avec les caractéristiques de ces professions ou encore les expériences pertinentes des participants (voir figure 7).

2.3 Regrouper les énoncés selon les thèmes

Parce que les énoncés sont inscrits tout de suite en lien avec les thèmes, les types et les participants, il est possible, à tout moment, d'afficher les données déjà saisies selon ces rubriques, devenues des critères de tri pour les informations. Étant donné que le logiciel génère automatiquement un numéro d'énoncé, ce repère facilite, au besoin, les révisions de contenu des phrases. Il peut être utile également de faire un retour en arrière pour vérifier si une idée similaire n'a pas déjà été formulée. Dans de tels cas, la recherche des énoncés apparentés peut se faire aussi bien à partir de la séquence des idées, selon l'ordre des numéros d'entrée, du nom du participant émetteur ou du thème. Il existe aussi une fonction « recherche » par mot-clé dans la rubrique « classification » qui peut servir à repérer facilement les énoncés.

Tout au long de l'atelier, il est possible de revenir en arrière sur une page appartenant à un autre thème. Par exemple, si une idée paraît hors d'ordre parce qu'elle fait davantage référence à un thème déjà abordé, il suffit d'un « clic » pour ne pas la perdre et coller l'énoncé dans la rubrique adéquate. Toutes les caractéristiques qui y sont associées vont demeurer. Il faut noter aussi que la numérotation va se poursuivre, indiquant ainsi la séquence chronologique des entrées des énoncés.

Tout comme l'ajout d'un énoncé dans un thème déjà exploité, il est facile d'ajouter un nouveau thème en cours de route. Une nouvelle page sera alors créée et d'autres énoncés pourront y être insérés. À ce propos, notons que l'implication des participants s'inscrit dans une véritable relation de partenariat. Les thèmes proposés initialement par les responsables du projet constituent une base de départ ; toutefois, selon l'évolution des échanges dans le groupe de réflexion, les participants ont une pleine latitude pour proposer un nouveau thème. Par ailleurs, il faut éviter que les échanges dérapent dans une direction qui ne correspondrait pas aux objectifs du projet (voir figure 8).

2.4 Fusionner les énoncés des ateliers parallèles

Souvent, le nombre de personnes impliquées dans un projet dépasse la capacité fonctionnelle d'un seul atelier de réflexion. Pour être vraiment opératoire, c'est-à-dire suffisamment efficace pour

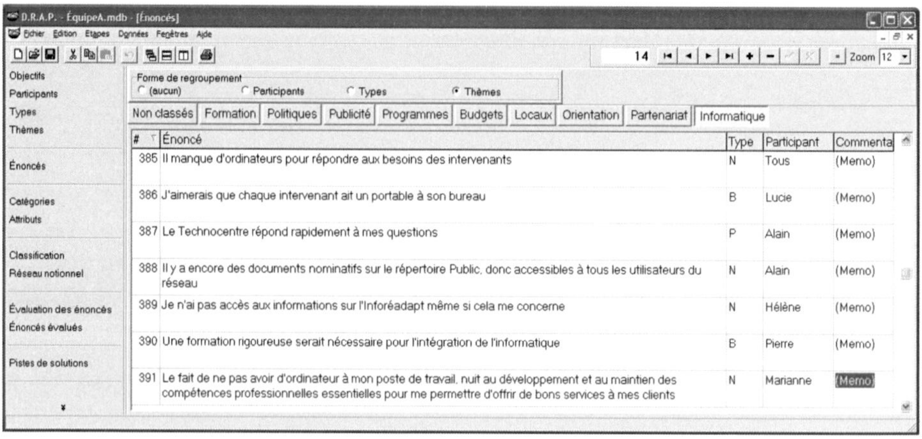

D.R.A.P. - ÉquipeA.mdb - [Énoncés]

Objectifs / Participants / Types / Thèmes / Énoncés / Catégories / Attributs / Classification / Réseau notionnel / Évaluation des énoncés / Énoncés évalués / Pistes de solutions

Forme de regroupement : (aucun) / Participants / Types / Thèmes

Non classés | Formation | Politiques | Publicité | Programmes | Budgets | Locaux | Orientation | Partenariat | Informatique

#	Énoncé	Type	Participant	Commentaire
385	Il manque d'ordinateurs pour répondre aux besoins des intervenants	N	Tous	(Memo)
386	J'aimerais que chaque intervenant ait un portable à son bureau	B	Lucie	(Memo)
387	Le Technocentre répond rapidement à mes questions	P	Alain	(Memo)
388	Il y a encore des documents nominatifs sur le répertoire Public, donc accessibles à tous les utilisateurs du réseau	N	Alain	(Memo)
389	Je n'ai pas accès aux informations sur l'Inforéadapt même si cela me concerne	N	Hélène	(Memo)
390	Une formation rigoureuse serait nécessaire pour l'intégration de l'informatique	B	Pierre	(Memo)
391	Le fait de ne pas avoir d'ordinateur à mon poste de travail, nuit au développement et au maintien des compétences professionnelles essentielles pour me permettre d'offrir de bons services à mes clients	N	Marianne	(Memo)

Figure 8. Exemple de saisie des énoncés selon un thème

permettre à chacun d'exprimer ses idées, un groupe de réflexion DRAP devrait impliquer un nombre inférieur à 15 participants. Autrement, le tour de parole ne vient pas assez vite et risque d'en démotiver certains. De même, le peu de dynamisme dans les formulations de points de vue risque de s'apparenter davantage à un questionnaire rempli en groupe et ne s'avère pas suffisamment stimulant pour favoriser l'expression d'idées novatrices. Il est alors préférable de former plus d'un groupe.

Des ateliers peuvent se tenir en même temps dans des salles distinctes, permettant à un plus grand nombre de personnes de s'exprimer. Il suffira par la suite de fusionner les fiches, ce qui pourra être fait à n'importe quel moment. Par exemple, lors d'une recherche sur la dysphasie, quatre ateliers ont eu lieu en même temps, avec des groupes semblables, dans autant de régions différentes. La méthodologie DRAP permettait ensuite la fusion des idées dans une optique de comparaison des variables caractérisant les milieux. De même, trois ateliers sur l'inclusion se sont déroulés en même temps dans le même édifice, mais dans trois salles différentes, alors que le regroupement en plénière comprenait les quelque 50 personnes.

Cependant, une décision s'impose de la part des organisateurs quant au choix du moment où les fiches seront fusionnées, car, selon l'étape en cours, il y a une incidence inévitable sur la suite des événements. Cette fusion pourrait avoir lieu avant l'évaluation des énoncés, mais dans ce cas, un inconvénient majeur pourrait persister puisque les participants n'auront pas en arrière-plan le contexte dans lequel a été formulé l'énoncé. Elle pourrait aussi avoir lieu avant la coconstruction des pistes de solutions, mais là encore, les participants n'auront pas nécessairement les mêmes représentations de l'importance relative des énoncés et, par conséquent, pas le même ordre de priorité à accorder aux énoncés à privilégier dans la recherche de solutions. Même s'il est préférable que les énoncés et les pistes de solutions soient évalués par les membres du même groupe d'appartenance, il demeure qu'une analyse comparative des valeurs attribuées (voir des précisions plus loin) par chaque groupe pourrait révéler des aspects insoupçonnés, tels des préoccupations diamétralement opposées.

Les énoncés fusionnés provenant des ateliers parallèles sont facilement associables à l'équipe d'origine grâce au numéro d'identification qui débute par le numéro afférent (voir figure 9).

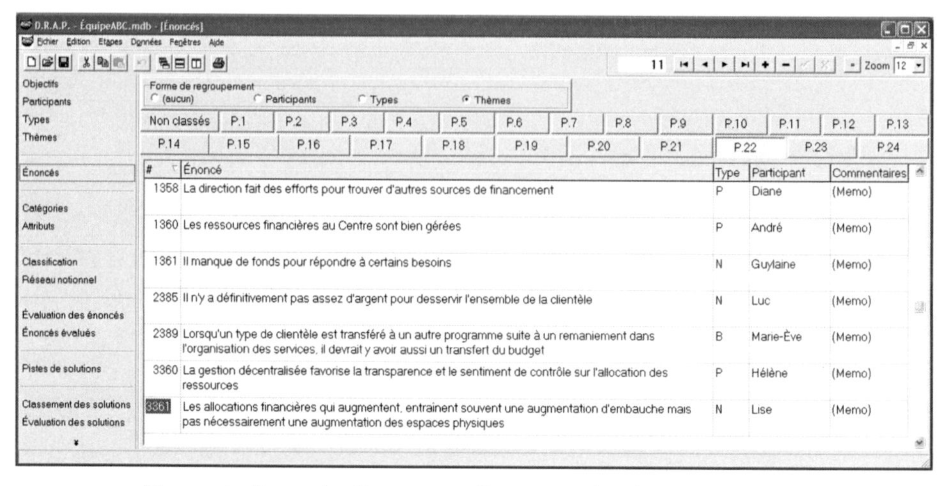

Figure 9. Exemple d'une page d'énoncés de plusieurs ateliers

3. CLASSIFICATION DES IDÉES

Pour ne pas perdre le fil des idées et favoriser l'expression du plus grand nombre pendant l'atelier, le secrétaire se contente de rédiger l'idée telle que verbalisée par le participant et de l'associer à un type et à un thème. Toutefois, à la fin de l'atelier, le secrétaire et l'animateur, auxquels peuvent s'adjoindre d'autres membres du groupe – sans qu'il ne soit nécessaire que tous les participants joignent ce sous-groupe –, entreprennent la classification de chacun des énoncés. Cette tâche correspond à une caractérisation plus fine de chaque énoncé dans l'optique de jeter les bases de l'analyse qualitative. À ces nouvelles sources d'informations complémentaires aux associations de thème s'ajoutent les « participant » et « type » pour qualifier chaque énoncé et en faciliter le classement selon différentes formes de tri.

Dans l'ordre seront décrites les particularités de ces nouvelles rubriques appelées « catégorie », « attribut » et « réseau notionnel ». Elles constituent de nouvelles caractéristiques associées aux énoncés ; de nouveaux facteurs aux fins d'analyses. Ces étapes demeurent facultatives, mais elles deviendront très utiles, pour ne pas dire essentielles, si un grand nombre d'énoncés doivent être traités. Il s'agit là d'un raffinement des regroupements d'idées qui va grandement enrichir les analyses aussi bien quantitatives que qualitatives.

CINQ FACTEURS DE CLASSIFICATION

La classification constitue une étape importante de la démarche DRAP surtout dans la perspective de l'analyse qualitative. En effet, les contenus des énoncés peuvent ainsi être associés à deux autres critères qui apportent des précisions sur des caractéristiques fonctionnelles. C'est en fonction des objectifs poursuivis par la démarche que devraient être choisis les différentes variables qui vont figurer dans ces rubriques.

Le libellé de chaque énoncé est déjà associé à un participant et à un type. Il faut maintenant lui accoler des critères de tri complémentaires qui vont faciliter les analyses de contenu. Ainsi, chaque énoncé se caractérise à partir de cinq facteurs de regroupement d'idées :

- un **PARTICIPANT** qui indiquerait la source de l'idée ;
- un **TYPE** d'énoncé qui traduirait l'intention poursuivie par le participant ;
- un **THÈME** qui résumerait l'idée principale abordée ;
- une **CATÉGORIE** qui ajouterait une précision ou un sous-thème ;
- un **ATTRIBUT** qui fournirait un qualificatif distinctif du contenu de l'énoncé.

3.1 Classer les énoncés par catégorie

Les catégories, tout comme d'ailleurs les attributs et le réseau notionnel, ne peuvent être déterminées à l'avance. C'est à la lecture de chaque énoncé qu'un groupe restreint de personnes présentes à l'atelier – l'animateur, le secrétaire et quelques participants – vont trouver des catégories pour les classer. Cette tâche doit être réalisée le plus tôt possible, après la tenue de l'atelier, alors que les événements circonstanciels décrits et les explications afférentes aux formulations sont encore frais à la mémoire de chacun.

Selon Legendre (2005), dans une analyse de contenu, « une catégorie correspond à un sous-ensemble, regroupant, sans hiérarchie, des segments d'information semblables en fonction d'un ou de quelques caractères communs » (p. 191).

En ayant à l'esprit cette brève définition, le sous-groupe de participants va repasser un à un les énoncés pour leur accoler une étiquette qui pourrait en caractériser le contenu, à partir de ses composantes. Par exemple, ce pourrait être quelques mots utilisés dans l'énoncé qui constitue le sous-thème. S'il était question des relations avec les partenaires du milieu scolaire, dans le thème

CLASSIFICATION

Le libellé de l'énoncé est déjà associé à un participant et à un type. Il faut l'associer ensuite à d'autres variables, comme par exemple :

- un **thème** qui pourrait résumer l'idée principale abordée ;
- une **catégorie** qui pourrait indiquer le service ou le groupe concerné ;
- un **attribut** qui préciserait la personne interpellée ou fournirait un qualificatif distinctif.

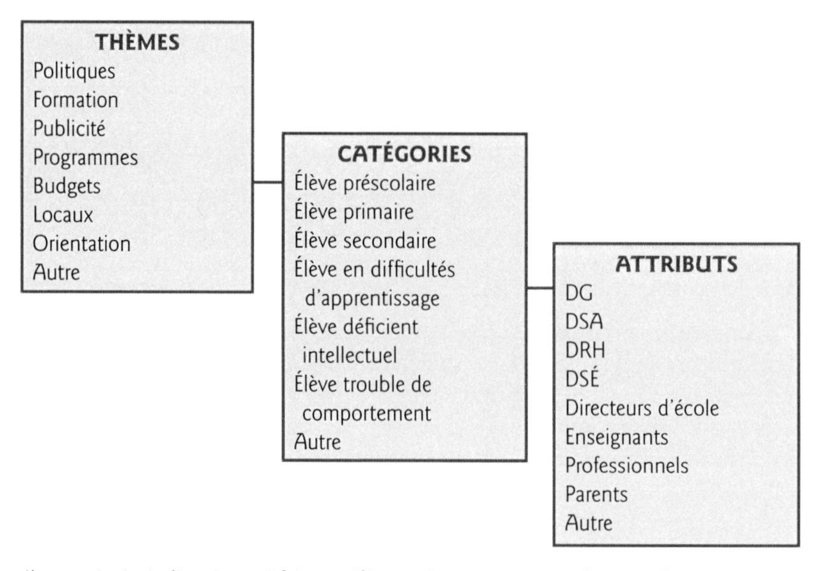

Il pourrait s'agir d'un énoncé faisant référence à une question politique (**thème**) qui concerne davantage les élèves handicapés (**catégorie**) et qui interpelle surtout la directrice des services éducatifs (**attribut**).

Figure 10a. Exemple de variables pour la classification

portant sur le *partenariat*, l'énoncé qui ferait part de la satisfaction d'un participant à l'égard des collaborations avec son homologue de la commission scolaire pourrait avoir comme catégorie « école » ou encore « psychologue scolaire ». Il s'agit d'un terme pouvant regrouper plusieurs énoncés. Une autre catégorie pourrait être « loisirs » pour regrouper les énoncés faisant davantage référence au partenariat avec les organismes communautaires qui offrent les services de loisirs pour les personnes handicapées, par exemple.

Il n'y a pas de limite quant au nombre de catégories à conserver pour l'ensemble des énoncés. Toutefois, il faut se rappeler que les catégories constituent un sous-ensemble du grand ensemble « thème » qui sera à nouveau qualifié par des attributs. Encore ici, il faut conserver des proportions réalistes en faisant référence au nombre total d'énoncés formulés, afin de ne pas avoir uniquement un ou deux énoncés dans une même catégorie.

La catégorisation devient alors une étape importante dans la classification des énoncés. En déterminant des catégories, le corpus à étudier devient compartimenté, comme un ensemble d'alvéoles. Bien entendu, les cases peuvent être d'inégales grandeurs, parce qu'elles ne comportent pas nécessairement le même nombre d'énoncés (voir les schémas, figure 10a et 10b).

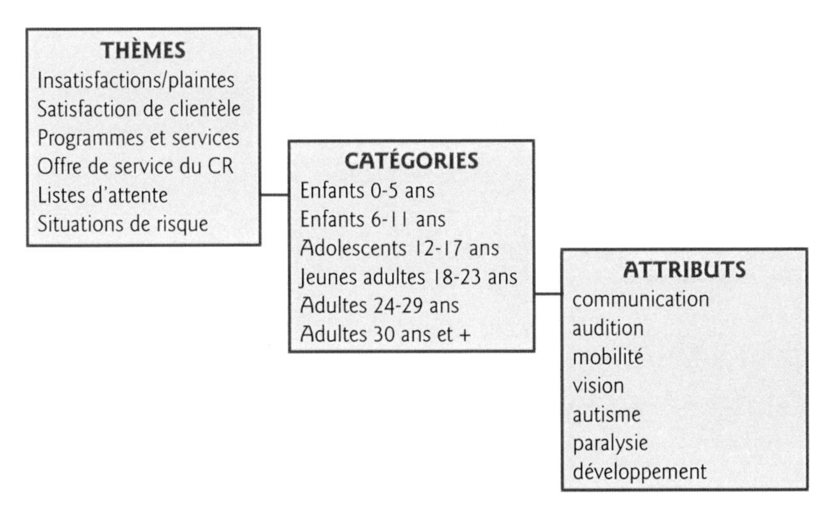

Figure 10b. Autre exemple de classification

3.2 Caractériser les énoncés avec des attributs

Par définition, un attribut est un qualificatif qui ajoute à la connaissance d'un objet. Dans le contexte de la démarche DRAP, il s'agit de la connaissance du contenu de l'énoncé.

Selon Legendre (2005), un « attribut est une caractéristique, une propriété, une qualité ou un signe distinctif, observable ou mesurable relié à un comportement, à un objet ou à un être » (p. 139). Ces mots-clés réfèrent à un qualificatif qui apporte une précision sur la nature de l'énoncé.

Il est important de considérer que chaque énoncé fait d'ores et déjà l'objet d'une attribution à partir du moment où il est associé à un type d'énoncé. Toutefois le type se limite à deux versants du sens de l'énoncé – aspect positif ou négatif –, alors que l'attribut apporte une précision additionnelle, davantage relative à sa qualité intrinsèque, c'est-à-dire ce qui caractérise sa signification.

À titre d'exemple, l'énoncé suivant : « J'aurais besoin d'un ordinateur portable, étant donné que je dois me déplacer entre trois points de services », formulé dans le cadre du thème « informatique », pourrait être classé dans la catégorie « finances », étant donné les incidences budgétaires, avec comme attribut « productivité » ou « efficacité », en considérant l'impact de l'acquisition de cet équipement sur le rendement au travail de cet employé.

Selon les modalités d'utilisation de la démarche DRAP, les critères de classification des thèmes, des catégories et des attributs pourraient différer. Par exemple, dans une activité d'évaluation de programme, les thèmes pourraient correspondre à un mode d'intervention, les catégories référer à un secteur d'activités, alors que les attributs désigneraient les personnes interpellées par l'énoncé (voir figure 11).

3.3 Créer un réseau notionnel des idées

Comme son appellation l'indique, cette rubrique tend à mettre en réseau thématique l'ensemble des idées recueillies. C'est à partir des caractéristiques déjà associées aux énoncés qu'est formé le

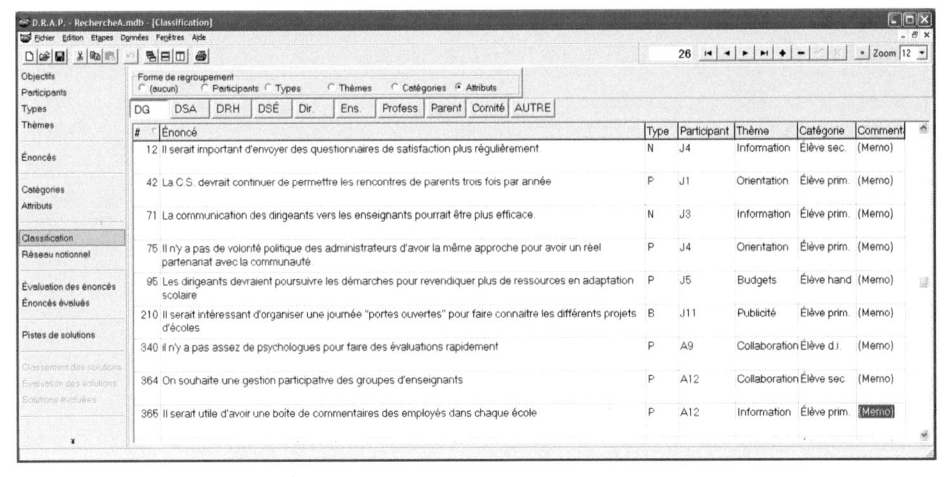

Figure 11. Exemple d'association à une catégorie

réseau des notions traitées ou seulement mentionnées lors d'un atelier.

Selon Legendre (2005), un « réseau notionnel est un système formé de termes majeurs interreliés permettant de décrire et de délimiter un domaine d'études ou d'activités » (p. 1181). Dans un réseau notionnel, les termes sont imbriqués dans des ensembles et des sous-ensembles. On parle alors de *réseau structural* lorsque toutes les composantes sont reliées dans un ensemble.

Ainsi, le réseau notionnel se construit à partir des mots-clés provenant des thèmes, qui ont été prédéfinis avant le début des ateliers, des catégories qui sont des sous-thèmes, puis des attributs qui précisent davantage les caractéristiques des énoncés (voir figure 12a). De la sorte, se bâtit peu à peu un réseau de termes-clés formant un tout qui représente le portrait du projet avec ses éléments d'analyse constitués des termes dominants et des liens qui existent entre eux.

Le réseau notionnel n'émerge pas spontanément lors d'une lecture des énoncés. Il faut se faire une représentation d'ensembles et de sous-ensembles de façon à schématiser les fréquences d'énoncés appartenant à chaque thème, catégorie et attribut, de même que les liens entre les mots à relier dans une séquence

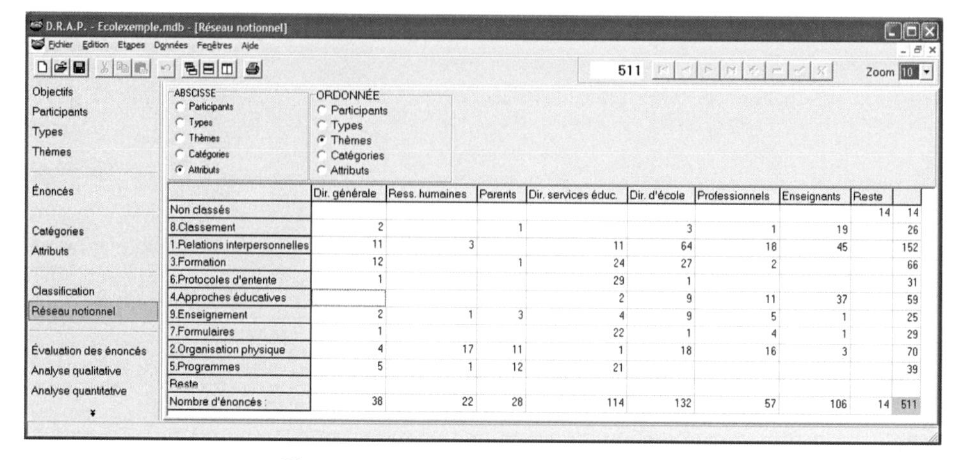

D.R.A.P. - Ecolexemple.mdb - [Réseau notionnel]

Fichier Édition Etapes Données Fenêtres Aide

Objectifs
Participants
Types
Thèmes
Énoncés
Catégories
Attributs
Classification
Réseau notionnel
Évaluation des énoncés
Analyse qualitative
Analyse quantitative

ABSCISSE: Participants, Types, Thèmes, Catégories, Attributs (sélectionné)

ORDONNÉE: Participants, Types, Thèmes (sélectionné), Catégories, Attributs

	Dir. générale	Ress. humaines	Parents	Dir. services éduc.	Dir. d'école	Professionnels	Enseignants	Reste	
Non classés								14	14
8.Classement	2		1		3	1	19		26
1.Relations interpersonnelles	11	3		11	64	18	45		152
3.Formation	12		1	24	27	2			66
6.Protocoles d'entente	1			29	1				31
4.Approches éducatives				2	9	11	37		59
9.Enseignement	2	1	3	4	9	5	1		25
7.Formulaires	1			22	1	4	1		29
2.Organisation physique	4	17	11	1	18	16	3		70
5.Programmes	5	1	12	21					39
Reste									
Nombre d'énoncés :	38	22	28	114	132	57	106	14	511

Figure 12a. Exemple de réseau notionnel

logique. Ce sont les nombres d'énoncés associés à chacune des variables qui indiquent l'envergure à donner à chacun des ensembles ou sous-ensembles (voir figure 12b). À partir d'un tel tableau, les représentations – respectant l'ordre de grandeur des ensembles – ne relèvent plus que de la créativité de l'artiste-chercheur. Un dessin ou un schéma peut davantage traduire l'importance relative des contenus.

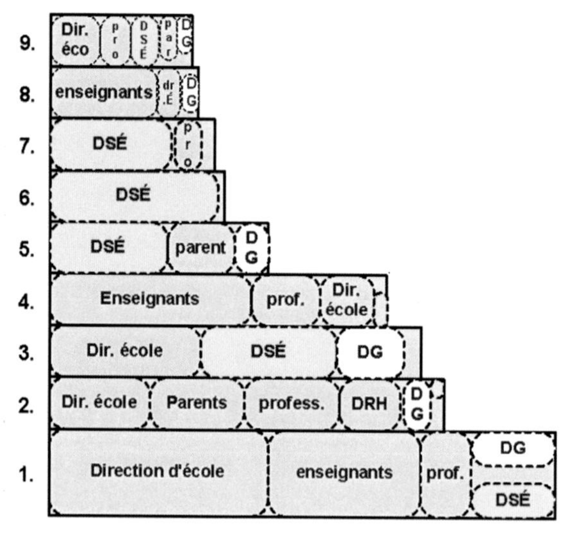

Figure 12b. Représentation d'un réseau notionnel

De multiples possibilités d'associations d'idées sont ainsi générées. Avec une dizaine d'éléments par rubrique de variables (participants, types d'énoncés, thèmes, catégories, attributs), on obtient plusieurs possibilités de regroupements d'idées. Étant donné qu'il n'y a pas de nombre limite d'éléments par rubrique, le nombre d'énoncés à analyser importe peu. Cependant, pour réaliser une analyse signifiante, il faut tout au moins s'assurer de retrouver quelques énoncés dans chacun des éléments d'analyse, sinon il faut faire d'autres regroupements d'éléments dans l'une ou l'autre rubrique de façon à avoir un nombre minimum d'énoncés.

4. ÉVALUATION DES ÉNONCÉS

Non seulement aucune des idées avancées lors des ateliers n'est perdue, mais de plus, toutes les idées sont a priori considérées comme ayant une valeur à partir du moment où elles sont formulées par un participant.

Ces énoncés représentent la matière première autour de laquelle sera construit tout un processus de réflexion visant à identifier les meilleures solutions afin de réduire les effets des conséquences, de faciliter l'application des stratégies et de répondre aux besoins identifiés par les différents groupes de participants.

Avec la méthode traditionnelle d'écriture des idées principales sur des feuilles de notes que gère l'animateur, persiste un danger flagrant de biais. Comme le souligne Laure (2004), la tentation de ne retenir que les idées qui lui conviennent demeure présente. Il suffit d'imaginer le nombre de feuilles de papier à étaler, puis à regrouper, dans l'optique de faire des choix.

Le logiciel facilite alors le traitement de tous les énoncés à partir des facteurs choisis. Au lieu de se limiter à un tri des énoncés comme dans la méthodologie Q par exemple, chacun d'eux est apprécié par chaque participant en fonction de sa valeur intrinsèque et non pas par rapport aux autres énoncés. Il y a deux façons de faire, soit en groupe à la fin de l'atelier lorsque tous les thèmes ont été abordés, soit individuellement, quelques jours après l'atelier.

4.1 Évaluer en groupe lors de l'atelier

Toutes les idées recueillies lors du remue-méninges ne sont pas d'égale importance. Il convient d'abord de mettre de l'ordre dans ces nombreux énoncés. Ce n'est pas vraiment utile de savoir qui a formulé tel ou tel énoncé, ce qui importe surtout, c'est de savoir si un énoncé est important aux yeux d'une majorité de participants. Pour ce faire, il faut attribuer une valeur relative à chacun des énoncés, variant entre « 0 » et « 9 », de façon à les ordonner selon l'importance subjective qu'accorde chaque participant.

En expliquant les consignes générales, l'animateur peut se servir de l'exemple d'un énoncé neutre ou complètement étranger afin de préciser que les balises guidant les appréciations pourraient être :

- « **0** » correspond à un énoncé pas important pour moi ;
- « **1**, **2**, **3** » correspond à un énoncé peu important pour moi ;
- « **4**, **5**, **6** » correspond à un énoncé moyennement important pour moi ;
- « **7**, **8**, **9** » correspond à un énoncé très important pour moi.

Des nuances peuvent également être apportées pour indiquer, par exemple, qu'entre les valeurs 7, 8 et 9, l'importance relative en référence à un énoncé serait nuancée entre « très important », « très-très important » ou « incontournable ». C'est en rafale que les participants disent à haute voix les valeurs qu'ils attribuent à chaque énoncé appelé par l'animateur, alors que le secrétaire d'atelier inscrit ces chiffres dans la base de données. Les moyennes et les écarts-types se calculent automatiquement sous les yeux des participants.

S'il est décidé d'effectuer cette tâche en groupe, à la fin de l'atelier, il serait tout de même approprié de respecter certaines règles de base pour assurer à la fois le bon déroulement de l'opération et la meilleure validité possible aux valeurs accordées. En particulier, il ne faut pas toujours demander aux personnes d'exprimer leur appréciation dans le même ordre – par exemple par un tour de table de gauche à droite – car, de cette manière, persiste un risque plus grand de voir les personnes qui ne s'expriment pas au début du tour de table fournir une valeur qui va dans le sens déjà donné par les premières valeurs manifestées (voir figure 13).

Cette façon de procéder permet de sauver du temps et de faire apparaître tout de suite les valeurs moyennes et les écarts-types. Cependant, certaines expériences ont démontré clairement que les écarts-types sont habituellement plutôt minces, parce que les participants ont tendance à fournir une valeur s'inspirant de ce qu'ont manifesté les premières personnes. Il y a lieu de se questionner dans ces circonstances sur la validité des valeurs recueillies. En conséquence, il semble nettement préférable de faire des évaluations de manière individualisée.

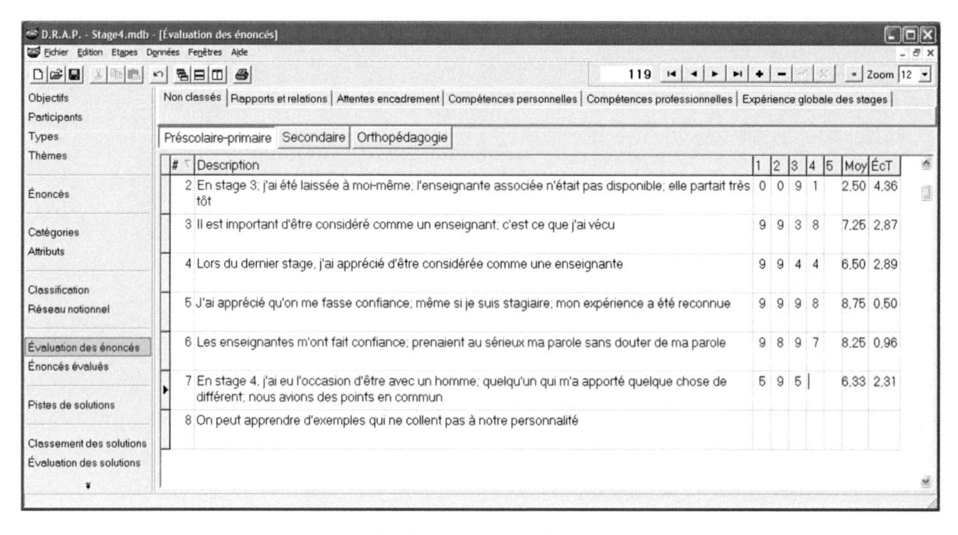

Figure 13. Exemple d'évaluation d'énoncés en groupe

4.2 Évaluer individuellement à la suite de l'atelier

Des consignes claires s'imposent lorsque les évaluations des énoncés sont réalisées quelques jours plus tard. Les listes des énoncés présentés dans leur ordre d'entrée sont acheminées aux participants en format électronique ou papier. Il est possible aussi de compléter ces évaluations sur un formulaire en ligne, surtout s'il y a un grand nombre de répondants, ce qui permet ainsi l'économie du papier et des frais de poste.

Parmi les avantages de cette formule d'évaluation individuelle, il convient de noter qu'il est possible de personnaliser les entrées en distinguant chaque participant ou groupe de participants lorsque le secrétaire transposera les valeurs dans la base de données. Si ce n'est pas souhaitable, les entrées peuvent être faites dans une page regroupant tous les participants, de façon anonyme.

En considérant le fait que les personnes font ces évaluations individuellement, il en ressort des écarts-types qui traduisent des perceptions plus nuancées. Il arrive aussi que les personnes rapportent avoir vu des inconvénients dans cette façon de procéder, surtout dans le cas d'évaluation d'énoncés qui n'étaient pas formulés clairement ; d'où la nécessité pour l'animateur de s'assurer de la clarté de chaque énoncé avant de donner la parole à un autre participant.

Aussi, il est important que les consignes soient claires, afin d'éviter que les personnes considèrent tous les énoncés comme étant très importants. S'il n'y a pas suffisamment de nuances dans les appréciations, il sera plus difficile par la suite de distinguer des priorités dans la recherche de solutions (voir figure 14).

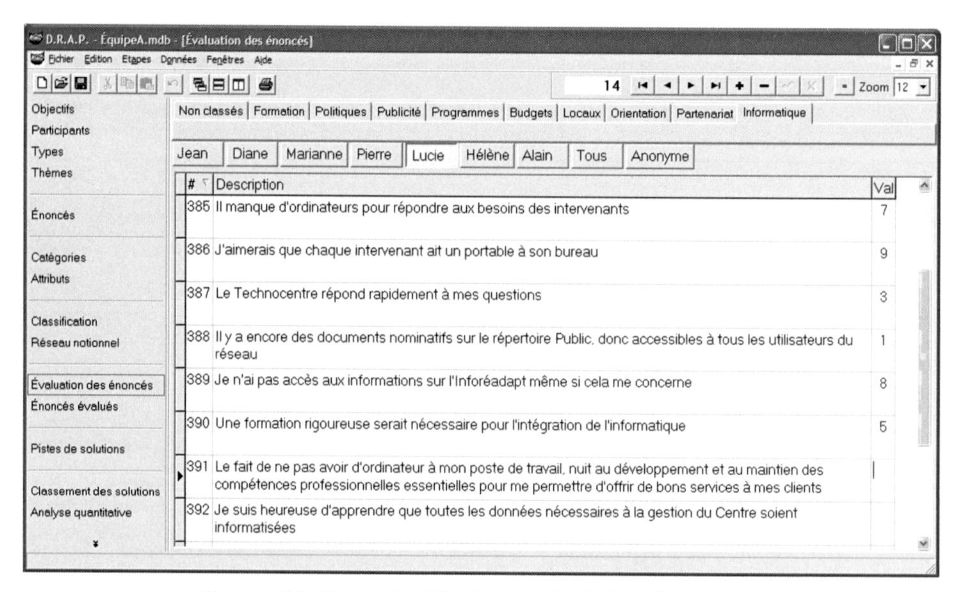

Figure 14. Exemple d'évaluation individualisée

4.3 Compiler les valeurs des énoncés

Il y a bien sûr un travail de secrétariat à faire pour entrer les valeurs des énoncés. Le logiciel réalise les calculs au fur et à mesure de l'entrée des évaluations des groupes de participants. Ainsi, l'appréciation de chaque participant est jointe aux autres du même groupe d'appartenance, de façon à constituer une moyenne de groupe et un écart-type pour chaque énoncé. De même, le tableau de calculs de chaque énoncé fait ressortir les divergences de perceptions d'un groupe à l'autre, tout comme l'homogénéité des groupes. Les valeurs sont ainsi accolées aux énoncés de façon à se répercuter sur chacune des pages reliant des variables déjà identifiées.

PRÉVOIR DU TEMPS POUR L'ÉTAPE DE COMPILATION

Tout dépendant des disponibilités des gens, il est utile de prévoir une période de 7 à 14 jours entre les ateliers pour terminer ces compilations. Il faut du temps pour acheminer les listes d'énoncés aux participants; deux ou trois jours pour procéder aux évaluations; un autre petit délai pour entrer les valeurs et sortir les énoncés triés par thèmes et par moyennes. Pour un exemple d'une page d'entrée des valeurs pour tous les participants sans identification, voir la figure 15.

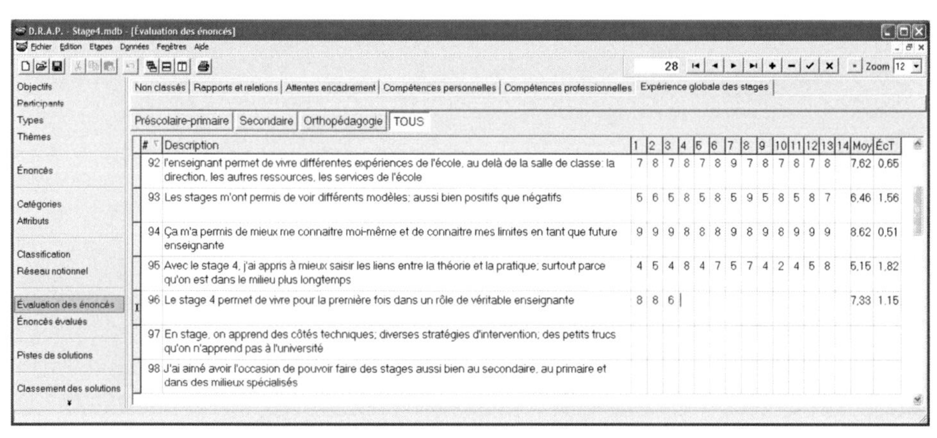

#	Description	1	2	3	4	5	6	7	8	9	10	11	12	13	14	Moy	ÉcT
92	l'enseignant permet de vivre différentes expériences de l'école, au delà de la salle de classe: la direction, les autres ressources, les services de l'école	7	8	7	8	7	8	9	7	8	7	8	7	8		7,62	0,65
93	Les stages m'ont permis de voir différents modèles; aussi bien positifs que négatifs	5	6	5	8	5	8	5	9	5	8	5	8	7		6,46	1,56
94	Ça m'a permis de mieux me connaitre moi-même et de connaitre mes limites en tant que future enseignante	9	9	9	8	8	8	9	8	9	8	9	9	9		8,62	0,51
95	Avec le stage 4, j'ai appris à mieux saisir les liens entre la théorie et la pratique; surtout parce qu'on est dans le milieu plus longtemps	4	5	4	8	4	7	5	7	4	2	4	5	8		5,15	1,82
96	Le stage 4 permet de vivre pour la première fois dans un rôle de véritable enseignante	8	8	6												7,33	1,15
97	En stage, on apprend des côtés techniques; diverses stratégies d'intervention; des petits trucs qu'on n'apprend pas à l'université																
98	J'ai aimé avoir l'occasion de pouvoir faire des stages aussi bien au secondaire, au primaire et dans des milieux spécialisés																

Figure 15. Exemple d'énoncés évalués avec présentation selon les moyennes et écarts-types

À la suite de cet exercice, il devient facile de trier les énoncés selon différentes formes de mises en ordre à partir de critères variés, tels le groupe d'appartenance des participants, le groupe d'âge des personnes concernées, leur sexe, leur provenance ou bien les nombres d'énoncés positifs et négatifs formulés pour chacun des thèmes ; d'où l'importance de bien prévoir les variables à traiter dès l'étape de la planification.

4.4 Présenter les énoncés triés selon les valeurs

Il existe plusieurs façons de présenter les énoncés évalués. Tout dépendant des utilisations anticipées, l'animateur peut décider de n'imprimer que les pages nécessaires à la prochaine étape, soit la recherche des pistes de solutions.

Le logiciel offre la possibilité de montrer les pages aux participants avant d'enchaîner avec les autres étapes. Les participants aiment bien voir leur contribution affichée à l'écran. C'est aussi important, parfois, de répondre à leurs questions, afin de relativiser la complexité de l'outil. Les valeurs de chacun des énoncés ont été compilées et les résultats moyens émergent pour traduire les perceptions de l'ensemble du groupe. L'écart-type est aussi intéressant à considérer pour montrer le degré de concordance des appréciations au sein du groupe (voir figure 16).

Outre les énoncés classés selon les participants et les types, les énoncés triés par thème sont les plus éloquents. C'est d'ailleurs avec ces énoncés que la prochaine étape sera amorcée. Lorsqu'ils sont présentés par thème et dans l'ordre de leurs valeurs, les énoncés priorisés par les participants méritent une attention particulière, surtout si un écart-type mince confirme un bon accord interjuges. Il importe aussi de regarder l'ensemble des énoncés, même ceux qui se retrouvent en queue de liste avec des valeurs faibles. En effet, il pourrait être intéressant de chercher à savoir pour quelles raisons les participants ne leur ont pas donné des valeurs élevées ou ce qui explique une dispersion aussi étendue autour de la moyenne.

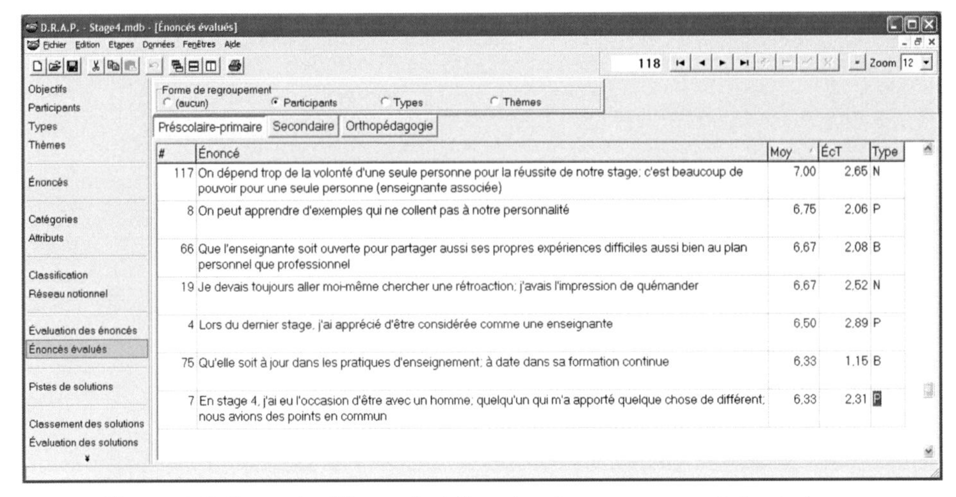

Figure 16. Exemple d'énoncés triés selon les moyennes et écarts-types

5. COCONSTRUCTION DES SOLUTIONS

Se contenter de faire une liste des aspects positifs et négatifs d'une situation ne s'avérerait pas très constructif. Voilà pourquoi il est approprié de tenir un second atelier avec les mêmes participants dans le but de réfléchir ensemble aux avenues de solutions qu'inspirent les énoncés. Les fruits du remue-méninges ont jeté les bases de cette réflexion en faisant ressortir les aspects les plus importants du vécu des participants, en référence à leurs expériences passées et présentes. Dans une optique constructive, il s'agit, dans ce deuxième temps, de trouver des pistes de solutions pour conserver ce qui fonctionne (aspects positifs, forces), surmonter les difficultés (aspects négatifs, faiblesses) et réaliser les besoins. Les participants sont appelés à construire ensemble des réponses qui vont permettre de rencontrer les objectifs initiaux. Le travail se poursuit à nouveau en collégialité, alors que la réflexion demeure dorénavant centrée sur l'avenir, à court, moyen et long termes, conformément aux objectifs.

5.1 Rechercher des pistes de solutions pour les énoncés

Les participants sont des partenaires qui partagent les mêmes objectifs ; ainsi il est conseillé qu'ils participent aux prises de décisions, notamment celles établissant les modalités de fonctionnement du groupe.

Il revient aux participants de déterminer le thème à aborder en premier lieu. Ce pourrait être le thème comportant le plus grand nombre d'énoncés, celui qui a obtenu les valeurs les plus élevées, celui qui regroupe le plus d'énoncés négatifs, celui qui est le plus criant en tant que situation problématique au moment des rencontres. Peu importe ce qui est retenu, il faudra prendre le temps de traiter chacun des thèmes, ne serait-ce que pour s'arrêter sur quelques pistes répondant à plusieurs énoncés à la fois, ou aux principaux, lorsqu'il restera très peu de temps à la toute fin de l'atelier.

Les rôles de l'animateur et du secrétaire ne changent pas durant cette étape de coconstruction des solutions. Ils encouragent toujours les participants à user de créativité et d'imagination dans la recherche de pistes de solutions. Le logiciel permet d'afficher deux écrans superposés afin de voir en même temps les énoncés sur lesquels porte la recherche de solutions et la page pour l'inscription des pistes (voir figure 17). Il est aussi possible de remettre à chaque participant les listes des énoncés triés par thème et par ordre d'importance afin de faciliter la visibilité des énoncés.

Par contre, il n'est pas nécessaire de trouver une piste de solutions pour chaque énoncé. Souvent, une seule piste de solutions permet de répondre à plus d'un énoncé. De même, il arrive qu'il faille plus d'une piste de solutions pour faire le tour d'une situation-problème ou d'une situation affectant plusieurs services ou plusieurs personnes.

La tâche de formulation des pistes de solutions se distingue de celle des besoins, lors de l'étape de la formulation des énoncés, par ses caractéristiques pratiques. En effet, pour que la piste ressemble vraiment à une solution, elle doit être concrète en indiquant clairement ce qui devrait être fait pour maintenir ce qui fonctionne, corriger ou améliorer ce qui ne va pas bien, et réaliser les besoins. En fait, le besoin n'a de signification qu'en lien avec les attentes personnelles d'un participant, par exemple à l'égard d'un objet ou d'un service qui lui permettrait de mieux effectuer son travail. Dans

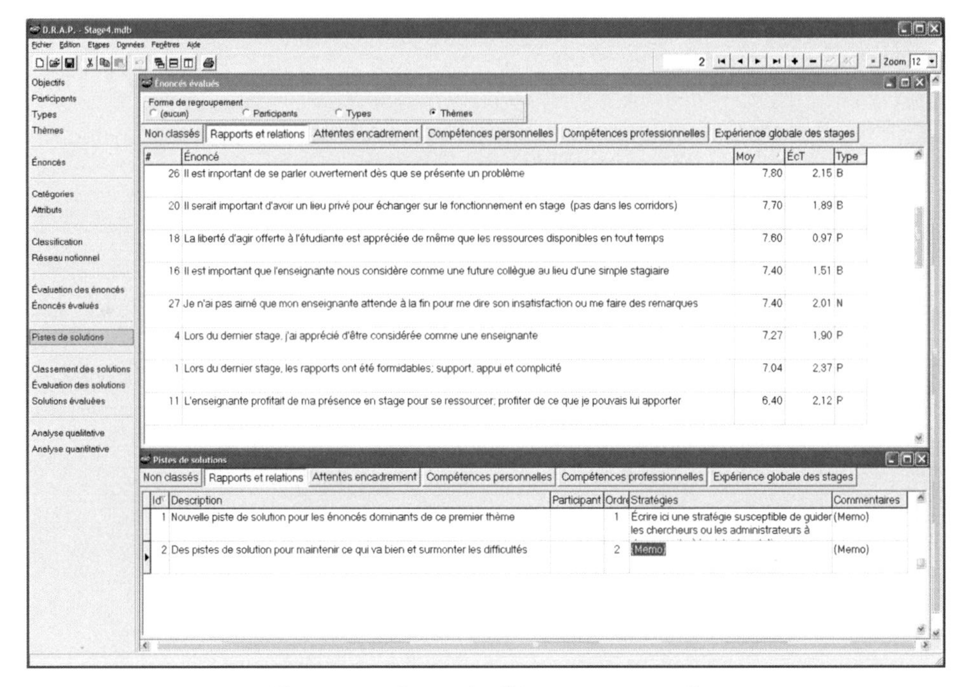

Figure 17. Exemple d'écrans superposés
montrant les énoncés et les pistes de solution

ce sens, un exemple de besoin pourrait être : « J'aimerais avoir plus souvent l'occasion de rencontrer mon chef de service pour discuter de mes dossiers. » Lorsqu'il s'agit de concrétiser ce besoin en tant que piste de solutions, il faut plutôt préciser l'action favorisant l'amélioration de la situation, par exemple : « J'aimerais que mon chef de service me rencontre une fois par mois afin de discuter de mes dossiers. »

La formule n'est pas vraiment plus compliquée si l'énoncé est rédigé à la négative, comme dans cet exemple : « Je déplore que mon chef de service n'ait pas le temps de me rencontrer une fois par mois pour discuter de mes dossiers. » Tout comme ils l'avaient fait pour les énoncés, les participants doivent essayer de rendre leur piste la plus explicite possible. Toutes les propositions sont notées, même les plus farfelues ; la principale préoccupation demeurant l'exploration de toutes les avenues possibles. Ce n'est que dans une étape ultérieure, lors de la pondération des pistes, que l'occasion sera donnée de mettre de l'ordre dans ces idées.

5.2 Proposer des stratégies opératoires

S'il s'avère nécessaire de clarifier de façon plus précise une piste de solutions, mais qu'il est difficile de le faire dans le libellé de la piste, une rubrique associée à chaque piste est réservée à cette fin. Sans faire partie intégrante de la formulation de la piste de solutions, les stratégies décrivent les différentes opérations en vue de la mise en œuvre. Par exemple, une stratégie pourrait désigner les personnes qui doivent agir, ou nommer des moyens d'action, des techniques, des indications quant à l'utilisation de certains outils, etc. De cette façon, il sera possible de mieux guider les recommandations du rapport final, basées sur ces pistes de solutions.

Afin de présenter adéquatement une stratégie, il est essentiel de cerner le contexte dans lequel elle va s'appliquer. Il en irait différemment, par exemple, pour mettre en place un système de parrainage des nouveaux professionnels dans une polyclinique privée de 15 employés ou dans un centre hospitalier de 600

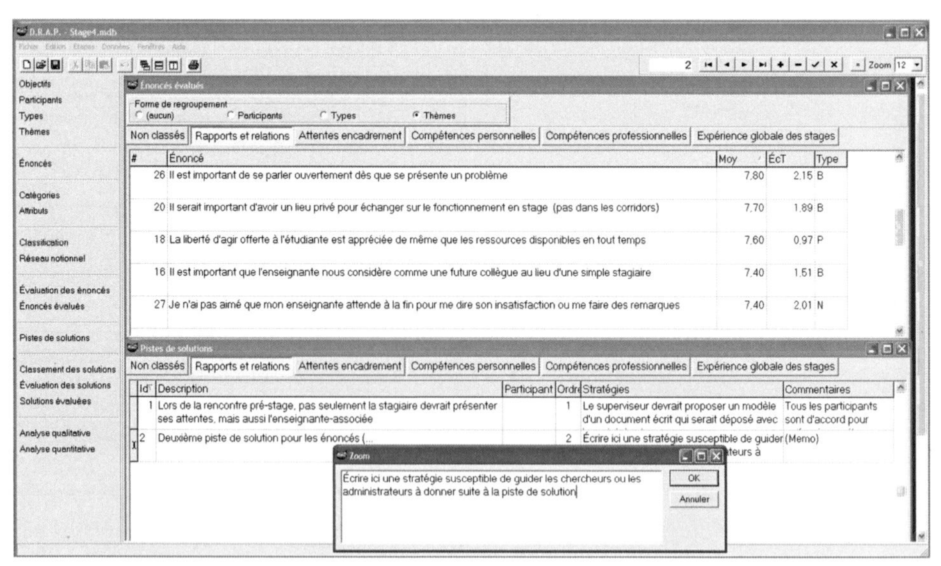

Figure 18. Exemple d'une page d'entrée des stratégies pour les pistes

employés. Il faut donc que la stratégie soit adaptée aux particularités du milieu, comme aux capacités de l'entreprise d'actualiser la solution (voir figure 18).

Lorsque tous les thèmes ainsi que l'ensemble de leurs énoncés ont été considérés pour l'identification de pistes de solutions, et si le temps le permet, il serait utile de les repasser rapidement en revue afin de s'assurer que rien n'a été oublié avant d'attaquer l'étape suivante.

6. PRIORISATION DES PISTES DE SOLUTIONS

Comme pour les énoncés, il est possible de procéder à une appréciation de chaque proposition de solutions de façon à bien faire ressortir celles qui rencontrent l'assentiment de la majorité des participants. Deux façons distinctes sont proposées : un ordonnancement qui se réalise en groupe, à la fin du deuxième atelier, ou une évaluation individualisée qui sera complétée après l'atelier.

Le choix d'une modalité revient au groupe, aux organisateurs ou dépend du temps imparti. Chacune de ces façons de faire comporte tout de même des avantages et des inconvénients.

6.1 Ordonner les pistes par thème

À partir des listes de pistes de solutions présentées par thème, les participants sont appelés à donner un ordre de priorités, selon l'importance relative accordée par les membres du groupe ou par la valeur subjective basée sur un critère spécifique de faisabilité. Le secrétaire d'atelier montre l'ensemble des pistes ; s'il y en a trop pour un seul écran, il est possible d'utiliser la barre de défilement.

En plus des objectifs du projet, c'est aussi la quantité de pistes formulées qui incite les personnes à choisir entre l'identification d'un certain nombre de pistes à privilégier et leur classement par ordre de priorité. Par exemple, si un thème ne compte qu'une dizaine de pistes, il est sans doute facile de demander au groupe de les ordonner selon l'importance qu'ils accordent à chacune. Par contre, s'il y en a une vingtaine, la tâche sera plus ardue, surtout si l'opération se déroule en grand groupe. Dans ce cas, il vaut peut-être mieux faire le choix de ne retenir qu'un certain nombre de pistes, ou bien procéder à une mise en ordre de façon individuelle.

En plus de l'ordre numérique, un ordre qualitatif peut aussi permettre de classer les pistes. Dans une planification stratégique, par exemple, les pistes pourraient être classées à partir de critères comme : urgent, court terme, moyen terme, long terme, irréaliste. Selon les objectifs poursuivis et les besoins du projet, différentes formes de classement peuvent être utilisées. Il suffit d'y associer un numéro pour faciliter le repérage et le tri (voir figure 19).

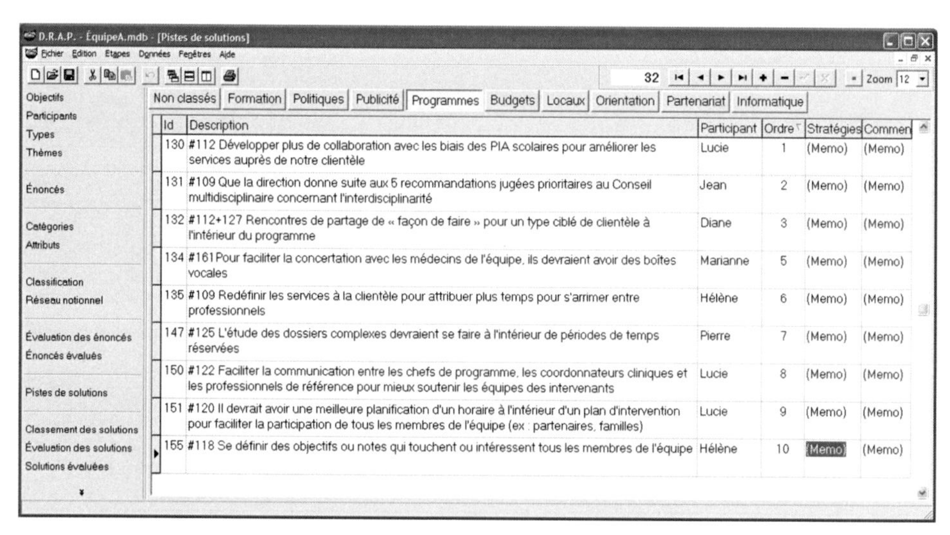

Figure 19. Exemple d'une page pour le classement des pistes

6.2 Évaluer chaque piste

Tout comme dans le déroulement du premier atelier, il est facile d'évaluer les pistes de solutions individuellement, puis d'entrer les valeurs dans la base de données. Cette tâche peut être complétée tout de suite après ce second atelier ou quelques jours plus tard, selon les ententes entre participants ou organisateurs du groupe de réflexion (voir figure 20).

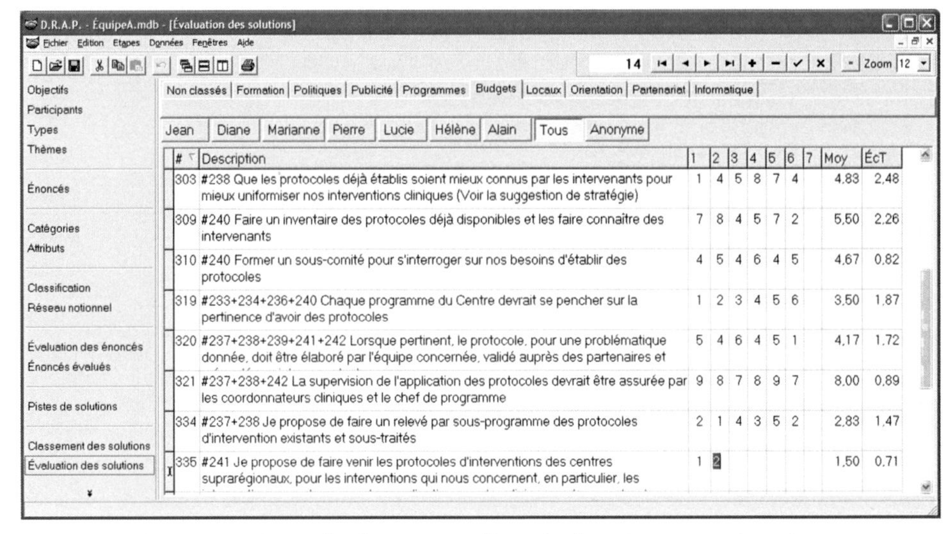

#	Description	1	2	3	4	5	6	7	Moy	ÉcT
303	#238 Que les protocoles déjà établis soient mieux connus par les intervenants pour mieux uniformiser nos interventions cliniques (Voir la suggestion de stratégie)	1	4	5	8	7	4		4,83	2,48
309	#240 Faire un inventaire des protocoles déjà disponibles et les faire connaître des intervenants	7	8	4	5	7	2		5,50	2,26
310	#240 Former un sous-comité pour s'interroger sur nos besoins d'établir des protocoles	4	5	4	6	4	5		4,67	0,82
319	#233+234+236+240 Chaque programme du Centre devrait se pencher sur la pertinence d'avoir des protocoles	1	2	3	4	5	6		3,50	1,87
320	#237+238+239+241+242 Lorsque pertinent, le protocole, pour une problématique donnée, doit être élaboré par l'équipe concernée, validé auprès des partenaires et	5	4	6	4	5	1		4,17	1,72
321	#237+238+242 La supervision de l'application des protocoles devrait être assurée par les coordonnateurs cliniques et le chef de programme	9	8	7	8	9	7		8,00	0,89
334	#237+238 Je propose de faire un relevé par sous-programme des protocoles d'intervention existants et sous-traités	2	1	4	3	5	2		2,83	1,47
335	#241 Je propose de faire venir les protocoles d'interventions des centres suprarégionaux, pour les interventions qui nous concernent, en particulier, les	1	2						1,50	0,71

Figure 20. Exemple d'une page d'entrée de valeurs pour les pistes

Il ressort de cette évaluation une information très riche, car chacune des pistes se distingue des autres par sa moyenne et son écart-type. Par exemple, une moyenne élevée et un écart-type étroit indiquent une piste qui fait consensus chez les participants. De même, il est dès lors possible de rejeter certaines pistes qui paraissent détenir une importance moins grande. Ce sera au moment de l'analyse ou de la rédaction du rapport que la décision sera prise de traiter ou non ces pistes qui n'ont pas obtenu une appréciation positive de la part des membres du groupe. Toutefois, situer de manière arbitraire un seuil trop restreint de pistes pourrait s'avérer un choix peu judicieux, car il y a un risque d'exclure une piste intéressante. De plus, il importe de mentionner que, très souvent, les valeurs accordées aux pistes sont élevées, car les gens qui souhaitent des changements s'aperçoivent que cette tribune, qui leur est offerte, sera suivie d'actions concrètes en raison de la rigueur et du sérieux de la démarche.

6.3 Présenter les solutions selon les valeurs

Somme toute, ces données quantitatives sur les solutions proposées constituent la source principale d'informations aux fins des analyses. Il s'agit-là souvent du cœur même du rapport final.

Les pistes de solutions triées dans un ordre d'importance débouchent directement sur des recommandations. Selon les thèmes, il pourrait y avoir des regroupements d'idées, car il est assez fréquent de retrouver des idées semblables parmi les stratégies proposées (voir figure 21).

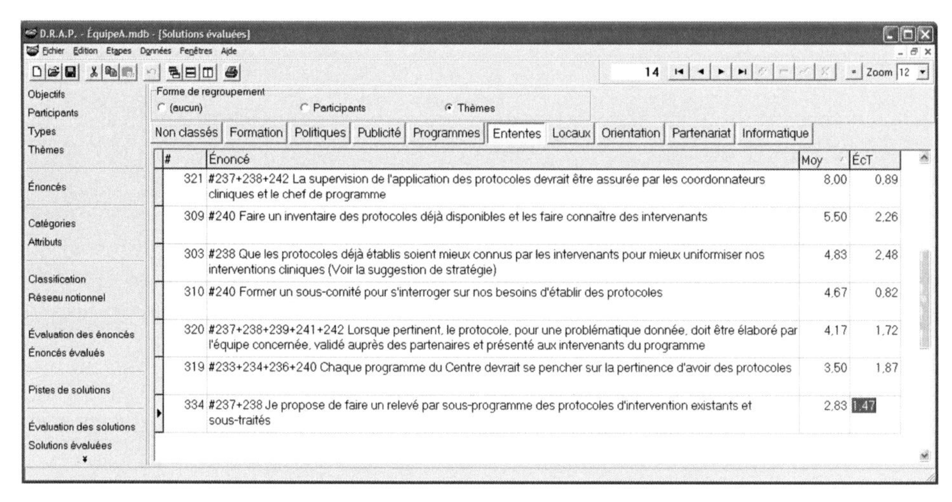

Figure 21. Exemple d'une page de pistes triées selon les valeurs pour un thème

7. ANALYSE DES DONNÉES

Les deux ateliers évoqués ci-dessus ont permis de faire émerger les intérêts et les préoccupations des participants à l'égard de différents aspects d'un projet, puis de cheminer vers la recherche de solutions. Une grande quantité d'informations, à la fois qualitatives et quantitatives, sont ainsi rendues disponibles à des fins de traitement.

La démarche DRAP, grâce à son logiciel de soutien, facilite la collecte et l'analyse des données avant, pendant et après les deux ateliers. Le temps d'analyse des données dépend de la nature du projet et de ses objectifs. Certains projets accorderont davantage d'importance aux recommandations qui découlent des solutions dominantes, d'autres s'arrêteront plutôt aux perceptions des participants ainsi qu'à leur vécu émotif. Quoi qu'il en soit, il faut relever toutes les données générées par le groupe de réflexion afin de les interpréter dans le but d'atteindre les objectifs. Ce n'est qu'après une analyse sérieuse qu'il sera possible de dire si ces nouvelles informations contribuent à une meilleure compréhension du projet. Des analyses aussi bien qualitatives que quantitatives figurent parmi les analyses accessibles dans DRAP. Voici les fonctionnalités prévues, lorsque toute la démarche a été respectée, incluant les évaluations des énoncés et des pistes de solutions.

7.1 Illustrer et interpréter les données quantitatives

Les entrées d'énoncés, les classifications selon les différentes variables et les évaluations font en sorte que les données se quantifient tout au long de la démarche. Sans trop s'en rendre compte, les acteurs créent petit à petit un corpus d'idées au plan quantitatif et qualitatif. Dans une perspective uniquement quantitative, comme le souligne Krathwohl (1998), des tableaux et des figures aident grandement à faire ressortir les éléments dominants de l'étude.

Une partie des données quantitatives générées par les évaluations des énoncés et des pistes de solutions a d'ores et déjà été présentée. En particulier, il convient de rappeler les listes de tous les énoncés triés selon les types (positif, négatif, besoin) ou selon les participants. Avec les évaluations, ces énoncés s'associent à des valeurs qui les situent à l'intérieur d'un thème, selon l'importance accordée par les participants. Ces énoncés, classés les uns par rapport aux autres, feront surtout l'objet d'analyses de contenu, qui définiront la place qu'occupe chaque énoncé dans ces analyses statistiques.

Les énoncés compilés par valeurs, moyennes et écarts-types sont aussi présentés en lien avec les autres variables. Il est possible d'effectuer de la sorte diverses observations en empruntant différents angles de vision : les valeurs des énoncés qui démontrent le degré d'importance aux yeux des personnes ; les écarts-types qui font ressortir le niveau d'homogénéité des appréciations, les types d'énoncés qui distinguent les perceptions en termes plus qualitatifs, etc.

En sélectionnant le lien « analyse quantitative » dans le menu principal, s'ouvre une fenêtre qui donne accès à des options de regroupements, selon les participants, les thèmes, les catégories ou les attributs. Un graphique sous forme d'histogramme apparaît pour représenter l'ensemble des énoncés triés, selon les facteurs choisis. Par exemple, les énoncés retenus pour chacun des thèmes sont montrés par type, c'est-à-dire selon les aspects associés (positifs, négatifs ou besoin). Pour le regroupement des participants, la répartition se fait en fonction des énoncés formulés par chacun en lien avec les types d'énoncés (voir figure 22).

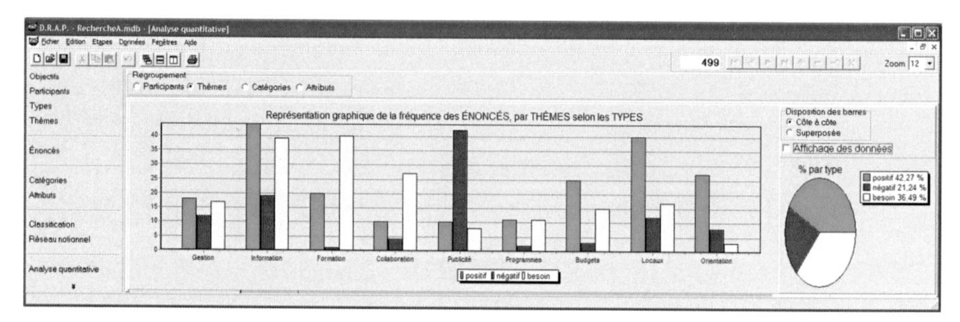

Figure 22. Exemple d'un graphique montrant
les fréquences d'énoncés par thème

Le graphique ainsi produit se révèle très éloquent quand vient le temps de faire la démonstration des points de convergence et de divergence des idées. En effet, le tableau statistique montre d'une manière comparative, pour chaque thème, ainsi que pour l'ensemble des thèmes :

- le nombre total d'énoncés ;
- le nombre d'énoncés positifs (P) ;
- le nombre d'énoncés négatifs (N) ;
- le nombre de besoin (B) ;
- le pourcentage d'énoncés (positifs, négatifs et besoins) pour chaque thème par rapport à l'ensemble des thèmes ;

- la moyenne des valeurs des énoncés (positifs, négatifs, besoins) de chaque thème par rapport à l'ensemble des thèmes (voir figure 23).

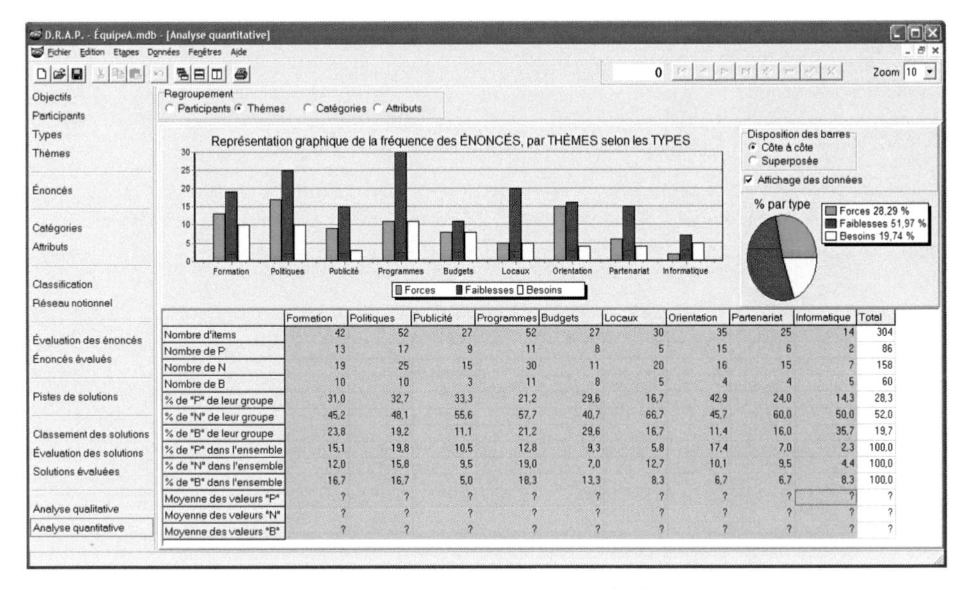

	Formation	Politiques	Publicité	Programmes	Budgets	Locaux	Orientation	Partenariat	Informatique	Total
Nombre d'items	42	52	27	52	27	30	35	25	14	304
Nombre de P	13	17	9	11	8	5	15	6	2	86
Nombre de N	19	25	15	30	11	20	16	15	7	158
Nombre de B	10	10	3	11	8	5	4	4	5	60
% de "P" de leur groupe	31,0	32,7	33,3	21,2	29,6	16,7	42,9	24,0	14,3	28,3
% de "N" de leur groupe	45,2	48,1	55,6	57,7	40,7	66,7	45,7	60,0	50,0	52,0
% de "B" de leur groupe	23,8	19,2	11,1	21,2	29,6	16,7	11,4	16,0	35,7	19,7
% de "P" dans l'ensemble	15,1	19,8	10,5	12,8	9,3	5,8	17,4	7,0	2,3	100,0
% de "N" dans l'ensemble	12,0	15,8	9,5	19,0	7,0	12,7	10,1	9,5	4,4	100,0
% de "B" dans l'ensemble	16,7	16,7	5,0	18,3	13,3	8,3	6,7	6,7	8,3	100,0
Moyenne des valeurs "P"	?	?	?	?	?	?	?	?	?	?
Moyenne des valeurs "N"	?	?	?	?	?	?	?	?	?	?
Moyenne des valeurs "B"	?	?	?	?	?	?	?	?	?	?

Figure 23. Exemple d'un graphique de fréquences d'énoncés par thème avec tableau statistique

Ces mêmes statistiques s'appliquent également à la variable « participant » de façon à faire ressortir le degré de participation des acteurs lors des ateliers, ainsi qu'aux catégories et attributs, s'il est pertinent de nuancer davantage. Il importe de noter au passage une fonctionnalité intéressante du logiciel qui permet de choisir les éléments devant apparaître dans le graphique, en décidant d'enlever l'un ou l'autre élément, qu'il s'agisse d'un participant, d'une catégorie ou d'un attribut.

Toutes ces données statistiques illustrent les grandes lignes du projet et facilitent la rédaction des recommandations qui étoffent le rapport final. Il demeure tout de même nécessaire de procéder à une analyse détaillée des contenus pour mettre en évidence les messages qui ont particulièrement retenu l'attention des acteurs lors des ateliers.

7.2 Traiter les données qualitatives

Les données les plus importantes et les plus significatives demeurent les contenus de chaque énoncé, particulièrement ceux qui ont fait l'objet d'un consensus. En plus des valeurs qui précisent le niveau d'importance de chacun, quelques caractéristiques, provenant d'autres variables, ajoutent une qualité favorisant l'analyse sous l'angle qualitatif.

Ainsi, le contenu de chaque énoncé est qualifié par des variables qui contribuent à faire valoir les liens avec d'autres aspects du projet : les thèmes qui guident la réflexion sur le projet et les objectifs poursuivis par la démarche ; les partenaires qui vivent des émotions et partagent des expériences ; les types qui indiquent le sens de l'énoncé dans la perspective de l'émetteur ; les catégories qui spécifient davantage un mode complémentaire aux thèmes pour le regroupement des idées contenues dans chaque énoncé, et l'attribut qui ajoute un signe distinctif, observable et mesurable.

En recherche, les analyses qualitatives et quantitatives tendent de plus en plus à se compléter. Chercheurs, gestionnaires et praticiens considèrent qu'il est important d'utiliser les deux méthodologies pour soutirer le plus d'informations possibles des données disponibles. Martella et ses collaborateurs (1999) soulignent ces avantages en mettant plus particulièrement l'accent sur sept critères pouvant garantir la validité des informations recueillies. La description sommaire de chacun de ces critères contribue à la démonstration de la pertinence des étapes de la démarche DRAP.

1. Une **information complète** : non seulement est-il nécessaire de traiter toute l'information recueillie au cours de la démarche de collecte de données, mais encore faut-il s'être assuré de faire tout ce qu'il fallait pour réunir les données les plus pertinentes en regard du projet. Avec la démarche DRAP, la saisie de données est vraiment complète parce que tous les énoncés formulés par les participants sont inscrits au fur et à mesure de leur formulation. Il en va de même pour les pistes de solutions qui sont notées au cours de l'atelier.

2. Une **interprétation adéquate** : les données recueillies ne doivent pas laisser de place à l'interprétation au moment des analyses pour éviter un préjugé de la part de ceux qui les saisissent. Tout au long des étapes DRAP, la collecte de données se fait en partenariat avec les participants qui valident les informations immédiatement en voyant apparaître à l'écran les énoncés qu'ils viennent de formuler. La même rigueur s'applique lorsqu'il s'agit d'inscrire les valeurs attribuées aux énoncés et aux pistes de solutions. Il n'y a donc pas de place pour les préjugés dans l'interprétation des données.
3. L'**identification des données inconsistantes** : ce critère de validité s'applique surtout lors des observations directes ou des entrevues individuelles en ce sens où les observateurs peuvent noter différemment un même comportement. Avec la méthodologie utilisée ici, ces situations ne risquent pas de se produire parce que les observations sont constituées de verbatim, dont le libellé est tout de suite affiché à l'écran, puis validé par la personne qui a avancé l'idée.
4. L'**adéquation des images ou diagrammes** : les auteurs se réfèrent aux situations de prises de notes en cours d'observation pour établir ce critère de validité. Il arrive parfois que les personnes qui font la collecte de données se donnent des codes ou utilisent des abréviations pour aller plus vite, entraînant ainsi des risques d'erreurs si d'autres doivent décoder ces informations au moment des analyses. Tel que mentionné précédemment, le fait de recueillir directement les données auprès des acteurs concernés, sans jamais manipuler les contenus, garantit la validité interne des données.
5. La **collaboration des partenaires** : ce critère occupe une place de choix pour l'équipe DRAP, malgré le fait que Martella et ses collaborateurs le placent en cinquième position. Dans toute étude, il importe de faire participer activement les personnes directement impliquées dans un projet. Avec la démarche DRAP, il n'est pas nécessaire de faire entériner les informations par les participants avant de diffuser le rapport d'analyse, comme le suggèrent ces auteurs, parce qu'ils ont à la fois validé

chacune des idées pour les énoncés du remue-méninges ainsi que pour les pistes de solutions, puis fourni eux-mêmes les valeurs accordées pour chacune des entrées dans la base de données.

6. Des **méthodes multiples pour collecter les données**: les analyses qualitatives doivent s'appuyer sur des méthodes rigoureuses de collecte de données pour en assurer la fidélité et la validité. Ce critère prend tout son sens lors d'entrevues individuelles, d'observations directes sur le terrain ou d'analyses documentaires. Comme d'autres auteurs, Martella et ses collaborateurs insistent sur la nécessité de faire une triangulation des données, de façon à pouvoir croiser les informations pour en vérifier la conformité. À toutes les étapes de la démarche DRAP, et même pour la formulation des énoncés ou des pistes de solutions, cette préoccupation est respectée. En effet, d'une part, la personne qui formule une idée voit une transcription s'afficher à l'écran et, d'autre part, tous les autres participants à l'atelier agissent comme témoins directs et peuvent intervenir si la transcription ne correspond pas entièrement à l'idée d'origine.
7. La **disqualification des interprétations**: ce dernier critère rappelle que l'équipe de gestionnaires du projet ou les membres de l'équipe de collecte de données ne doivent pas tenter d'influencer l'orientation des données ou se placer en conflit d'intérêt. La démarche DRAP est tout à fait transparente, du début à la fin. Chacune des étapes implique directement les acteurs qui peuvent, en tout temps, apporter des modifications aux données les concernant directement ou même suggérer des aménagements dans le choix des variables. Il n'est donc possible de manipuler les données de quelque façon que ce soit.

Sans retenir exactement les mêmes critères, Krathwohl (1998) va dans le même sens. De plus, il revient sur l'importance de bien codifier les données afin de pouvoir les regrouper facilement. Selon lui, toutes les données devraient être facilement accessibles, avec une codification simple, favorisant un repérage rapide et permettant d'effectuer des vérifications croisées, dans une optique de validation des données. Il s'agit-là d'une caractéristique de base de la démarche DRAP, alors que tous les verbatim provenant des participants sont intégrés dans une base de données informatisée qui classe les idées avec un numéro d'entrées, en plus des nombreux critères de recherche et de tri.

De nombreuses analyses sont possibles avec la démarche DRAP, dont les analyses ciblées à partir des variables, les analyses de contenus à partir des énoncés et des pistes ayant des valeurs élevées et les analyses par mots-clés.

a. Les analyses ciblées sont basées sur différentes variables représentant autant de critères de tri : participant, thème, type d'énoncé, catégorie, attribut. De même, les pistes de solutions sont associées aux mêmes thèmes que pour la formulation des énoncés, ainsi qu'à des stratégies d'application. En activant les boutons de recherche et de tri, les idées sont regroupées rapidement.
b. Les analyses de contenus, qui concernent tout le corpus des données recueillies, sont initiées d'abord par les résultats des analyses quantitatives qui ont permis de classer les énoncés et les pistes de solutions par appréciation moyenne des participants. On peut vraiment parler de méthodologie mixte d'analyses, car des approches quantitatives et qualitatives joignent leurs forces pour fournir une plus grande richesse d'interprétation. Par exemple, l'observation des contenus des énoncés dominants, en association avec leurs caractéristiques provenant des critères de classification, fournit beaucoup d'éléments pour interpréter les perceptions des participants.
c. Les analyses par mots-clés profitent des fonctionnalités de l'informatique alors qu'il suffit de faire une sélection pour retracer tous les énoncés ou toutes les pistes qui comportent un mot soumis à la recherche. Il peut être utile, par exemple, de vérifier les correspondances dans l'utilisation de certains mots en lien avec le vocabulaire propre aux objectifs.

Tout dépendant des objectifs poursuivis et des attentes à l'égard de ces analyses, un grand nombre d'aspects méritent d'être surveillés. Les données découlant des analyses quantitatives et des analyses qualitatives prévues dans la démarche devraient permettre de répondre adéquatement aux objectifs poursuivis dans la majorité des projets. Si d'autres aspects requéraient une analyse particulière, il serait préférable de prévoir les variables appropriées au moment de la planification et d'en établir tout de suite les balises en insérant des critères ou des attributs spécifiques.

Les différentes étapes du DRAP indiquent en définitive les grandes lignes à suivre dans la production du rapport. Toutes les données sont conservées et facilement accessibles pour permettre d'étayer un aspect ou l'autre. La démarche DRAP, comme méthode mixte d'analyse de données, demeure facile d'utilisation dans différents contextes d'application. La mise en forme d'une base de données ne requiert pas de compétences particulières en informatique ou en gestion. Il suffit d'avoir des objectifs clairs.

2

QUEL CADRE DE RÉFÉRENCE POUR LE DÉVELOPPEMENT D'UNE MÉTHODOLOGIE DRAP ?

UNE COMPLÉMENTARITÉ ENTRE DONNÉES QUALITATIVES ET QUANTITATIVES

Il existe une règle fondamentale : les recherches qualitatives donnent des directions tandis que les recherches quantitatives donnent des dimensions. La méthode de recherche employée doit donc être adaptée au sujet d'étude. Les groupes de discussion permettent de comprendre les sentiments des participants, leur façon de penser et d'agir, et comment ils perçoivent un problème, l'analysent, en discutent. Les méthodes quantitatives fournissent un portrait statistiquement représentatif des « quantités » caractéristiques d'une population, mais non le « sens » qu'on pourrait leur donner.

Geoffrion, P. (2003). *Le groupe de discussion*. Dans Gauthier, B., Recherche Sociale : de la problématique à la collecte des données. Québec : Presses de l'Université du Québec, p. 338.

Tout au long de la démarche DRAP, les données aussi bien qualitatives que quantitatives sont colligées de façon à mettre en évidence les perceptions des acteurs du projet à l'égard de la situation actuelle et leurs propositions pour un mieux-être des personnes et de l'organisation. Toutes les étapes de la démarche s'enchaînent pour amener les participants à construire ensemble les bases d'un partenariat en développement.

Au moment de faire une collecte et une analyse de données, il faut d'abord se référer aux objectifs poursuivis. Qu'il s'agisse d'une étude de besoins, d'une évaluation de programmes ou d'une mesure d'efficacité d'interventions, il importe de bien planifier une collecte systématique des données de manière à permettre l'analyse des contenus la plus complète qui soit.

La première question générale concerne l'utilisation des résultats visée. Il s'agit de se poser les bonnes questions au regard des objectifs poursuivis par la démarche : Qu'est-ce que l'on veut savoir ? À quoi cela va-t-il servir ? À connaître le degré de satisfaction par rapport aux services, en termes de pourcentage ou selon les populations visées ? À connaître les besoins de la clientèle selon leurs caractéristiques personnelles ? À découvrir les meilleures interventions en rapport avec les attentes des élèves, des clients ou des patients ? À connaître le taux d'efficacité à la suite de l'application de certains produits sur les récoltes ? À comprendre les perceptions des gens par rapport à un projet ? À décrire les stratégies efficientes permettant aux élèves de développer de nouvelles compétences ? Ces questions préalables vont déterminer l'approche à privilégier afin de passer d'une démarche d'étude de cas au chevauchement de plusieurs approches conçues pour étendre le plus possible les sources de données. En effet, une approche mixte favorise souvent une plus grande richesse d'informations et des analyses plus poussées.

Le cadre de référence de la recherche en éducation, à l'image de celui de la psychologie d'ailleurs, est longtemps demeuré uniquement quantitatif, comme en témoignent les travaux de Spearman et de ses disciples. Il fallait aboutir à la quantification des données sur les habiletés de développement de façon à faire apparaître les évidences et justifier les orientations ou décisions qui en découlaient. À partir de 1953, Stephenson a remis en question les mesures d'habiletés centrées sur les aspects quantifiables en faisant valoir que certaines dimensions importantes échappaient à l'observation des évaluateurs et des chercheurs[1]. C'est dans la foulée de cette révolution de pratiques que se situe entre autres la naissance de la méthodologie Q qui mettait l'accent sur la notion de subjectivité des observations ou « subjectivité des individus » : il s'agit de l'analyse des « différences intra-individuelles que l'on rencontre particulièrement dans l'étude des cas uniques » (Gauzente, 2005, p. 178). Le terme « méthodologie », tel qu'utilisé ici, renvoie à une démarche de recherche complète, avec un objectif particulier (subjectivité), une approche particulière de cueillette de données (échantillons Q et P) et une technique spécifique[2] d'analyse statistique (analyse du facteur Q).

Avant toute chose, il nous semble pertinent de présenter les caractéristiques de la méthodologie Q, de façon à souligner quelques éléments de similitude, voire de différence relevant de la méthodologie appliquée dans l'approche DRAP. Les avantages de

1. Cette position est bien résumée par De Landsheere (1982) : « Dès qu'un homme en observe ouvertement un autre, des interactions psychologiques se produisent. Dans cette situation, il n'y a pas qu'un observateur et un observé, mais bien deux observateurs qui interprètent ce qu'ils découvrent en fonction de tout ce qu'ils sont, et adaptent leurs comportements en conséquence. En sciences humaines, la poursuite de l'objectivité parfaite est une chimère. [...] L'utilisation d'instruments est loin de toujours apporter une garantie. De presque tous les outils de la recherche en éducation, on peut dire : (1) Qu'ils valent ce que vaut celui qui s'en sert ; (2) Qu'utilisés isolément, ils ne donnent pas une image suffisante de la réalité humaine. En général, les comportements étudiés sont complexes et appellent donc une grande variété d'observations et d'évaluations simultanées. Souvent même, les conduites sont si mouvantes qu'aucun instrument ne peut en rendre compte. Alors le sens clinique, le sens de la situation globale chez l'observateur jouent un rôle prépondérant. [...] La voie est donc rouverte au subjectivisme » (p. 59).

2. Pour Nuttin (1971), la méthode de l'analyse inversée a été appelée « Technique Q » par Cattell d'abord, avant les nuances imposées ultérieurement par Stephenson. Dans les deux cas, on examine la relation entre les résultats obtenus par une même personne dans des situations différentes (par exemple avant et après un traitement thérapeutique).

l'approche DRAP seront mis en évidence pour notamment évoquer l'intérêt des approches mixtes (quantitative et qualitative).

1. LA MÉTHODOLOGIE Q

L'utilisation de la technique de *Q-Sort* – élément-clé du dispositif de la méthodologie Q – permet de mettre en relation de nouveaux critères: « [...] *Q-Sorts for one person for different conditions of instruction, or for different persons for the same or different conditions of instruction, are correlated and factored* » (Stephenson, 1953, p. 19). La méthodologie Q trouve ses origines dans l'analyse factorielle; elle met l'accent sur la mise en relation de différents critères et variables au cours d'une recherche. Dans l'optique de Stephenson[3], il s'agit, de prime abord, d'une approche mixte. L'ouvrage de cet auteur précise même comment l'analyse factorielle peut contribuer à mieux cerner divers facteurs explicatifs issus aussi bien des observations objectives que des observations subjectives.

Depuis plus de 50 ans, la méthodologie Q s'est avérée appropriée pour analyser les représentations de personnes. Aujourd'hui, cette méthodologie est encore fréquemment utilisée par des chercheurs à travers le monde et dans différentes sphères d'activités. À titre d'exemple, dans une publication récente, Palacio-Quintin et Moore (2004) ont évalué « la représentation que se fait l'enfant de sa relation d'attachement avec ses parents d'origine et de celle qui le lie à ses parents d'accueil » (p. 158). Le Q-Sort utilisé dans cette recherche correspond à un questionnaire en 65 items, présentés sur des cartes séparées. La corrélation entre les scores attribués et les scores prototypes (Q-Scores) est calculée à partir de trois catégories différentes d'attachement: sécurisant, insécurisant-ambivalent, insécurisant-évitant (p. 161).

3. Le chercheur anglais Stephenson était un collaborateur de recherche de Spearman, inventeur de l'analyse factorielle. Après quelques années de collaboration, Stephenson s'est dissocié de Spearman parce qu'il trouvait que l'analyse factorielle ciblait uniquement les considérations quantitatives et ne donnait pas suffisamment d'importance aux relations avec l'environnement et aux représentations des personnes.

Un deuxième exemple vient d'un chercheur en études statistiques[4], Bourdeau (2006). Ce dernier mentionne que cette méthodologie « [...] connaît maintenant un regain de faveur avec la recherche qualitative sur de tout petits groupes d'individus ». Il a lui-même mené récemment une étude de cas en utilisant la méthodologie Q pour cerner la perception de la qualité des soins à domicile par les usagers. Pour ce faire, il a retenu 36 indicateurs regroupés en 12 dimensions qu'il a fait trier par une vingtaine de personnes (Bourdeau et Fox, 2002). Cette façon de procéder reprend sensiblement la technique initiée par Stephenson et développée davantage par Brown, à savoir le Q-Sort.

Il convient de souligner qu'en 1953, lorsque Stephenson a diffusé sa méthodologie Q, qui inclut la technique Q-Sort, les outils informatiques n'étaient pas suffisamment disponibles pour faciliter le traitement d'un grand nombre de données en peu de temps. Ces expériences se déroulaient alors en format papier, selon des modalités assez strictes. Les principales étapes de la démarche proposée par la méthodologie doivent respecter le cadre suivant :

Tableau 1. Étapes méthodologiques

	ÉTAPES - Q	BUTS
1.	Générer un grand nombre d'énoncés concernant le sujet d'étude à partir d'entrevues, d'échanges entre experts, ou de revue de la littérature	Constituer une banque d'énoncés
2.	Choisir un échantillon d'énoncés représentatifs des thèmes du projet	Établir un échantillon d'énoncés appelé échantillon Q
3.	Sélectionner les participants à l'étude	Former un échantillon de personnes appelé échantillon P
4.	Déterminer la distribution attendue selon une courbe gaussienne en fonction du nombre d'énoncés, puis écrire ces énoncés sur des cartes séparées	Préparer le protocole d'administration et la grille d'entrée des numéros d'énoncés triés (Q-Sort)
5.	Recueillir les cartes classées de chaque participant	Regrouper l'ensemble des données
6.	Saisir les données à l'ordinateur et effectuer le traitement statistique en attribuant les valeurs numériques aux piles de cartes	Procéder à l'analyse factorielle

4. Chercheur en études statistiques à l'École polytechnique de Montréal.

Un exemple reprend ci-dessous la répartition attendue des cartes lorsqu'il y a 50 énoncés et une échelle d'appréciation en 9 classes de préférence. Il pourrait être demandé aux participants de se situer par rapport à chacun des énoncés :

Tableau 2. Échelle d'appréciation

	Très très négatif	Très négatif	Négatif	Assez négatif	Neutre	Assez positif	Positif	Très positif	Très très positif
Cartes	2	4	6	8	10	8	6	4	2
Valeur	-4	-3	-2	-1	0	+1	+2	+3	+4

Il doit y avoir un nombre prédéterminé de cartes dans chaque classe de préférence. Le traitement statistique se fait à partir des valeurs associées pour chaque emplacement des cartes. En fait, il s'agit pour le participant d'ordonner les énoncés selon ses perceptions au lieu de les évaluer individuellement, car il est forcé de placer un nombre défini de cartes dans chaque paquet correspondant aux 9 classes de préférence. En termes de stratégie, il y a lieu de commencer par les extrémités, soit 2 énoncés « très très négatifs » et 2 énoncés « très très positifs », avant de passer aux autres cartes dont les énoncés seraient « très négatifs » et « très positifs », pour 4 cartes par classe. L'importance relative de chaque énoncé découle de l'ordre décidé par chaque participant. La variabilité des perceptions entre ces participants, au sujet même des énoncés, demeure la priorité de l'analyse sur l'ensemble des 50 énoncés, plusieurs auront la même appréciation, dont 10 étant neutres ou non applicables, 8 « assez positifs », 8 « assez négatifs », etc.

1.1 Au-delà des applications classiques

Comme pour toute approche méthodologique, la rigueur propre à la pratique de la méthodologie Q en délimite l'usage et les expériences d'application pour certaines recherches. Il convient de relever un certain nombre de points qui rendent son application moins appropriée pour certaines recherches.

Des chercheurs comme Bourdeau et Fox (2002) stigmatisent spécialement le grand nombre d'égalités de perceptions dans l'utilisation de la méthodologie Q. Ils parlent de la nécessité de procéder à d'autres formes de calculs, tel le « tau » de Kendall, pour départager l'ordre des énoncés.

Pour sa part, Gauzente (2005), qui rappelle bien le lien entre la méthodologie Q et l'étude de la subjectivité, met un bémol sur la technique de tri des énoncés (Q-Sort) en montrant que plusieurs répondants éprouvent des difficultés à classer les dernières séries de cartes, surtout lorsque les thèmes abordés ne correspondent pas aux spécialités des répondants. Les effets inverses existent aussi lorsque les répondants sont trop spécialisés ou trop familiers avec les données. Il faudrait admettre dès lors que la catégorisation à 9 classes de préférences propose des nuances qu'il est difficile de distinguer (Gauzente, 2005). Par ailleurs, la distribution forcée du nombre d'énoncés dans chacune des classes – qui aide à respecter un étalement pour se rapprocher le plus possible d'une courbe normale – ne semble pas toujours correspondre aux réalités de toutes les recherches.

Comme le souligne Brown (1996), le Q-Sort consiste avant tout en une mise en ordre des rangs des différents énoncés en les regroupant en un nombre impair de catégories. Or la subjectivité du répondant peut être altérée par l'obligation de comparer des énoncés entre eux, voire de respecter le nombre de cartes dans chacune des classes. Lorsque les énoncés sont triés par un répondant, ce dernier tend à agir en fonction de son « équation personnelle », c'est-à-dire à déformer sa perception des contenus consultés en évaluant plutôt les énoncés par rapport à sa personnalité, de son jugement, mais aussi de la comparaison qui émerge entre les énoncés ainsi proposés.

De plus, le fait que les énoncés soient appréciés les uns par rapport aux autres afin d'être répartis en 9, 7 ou 5 classes de préférence oblige le participant à lire plus d'une fois la grande majorité des cartes. C'est pour cette raison que Brown recommande d'essayer de s'en tenir à moins de 70 énoncés. Le fait est que cette opération exige beaucoup de temps. La réalité change néanmoins. Depuis quelques années, l'apport des nouvelles technologies facilite cette tâche ; pour réaliser les analyses factorielles, les utilisateurs de cette méthodologie peuvent recourir à différents logiciels spécialisés[5].

D'autres aspects suscitent également un questionnement pour quiconque entreprend une application de la méthodologie Q. Il convient de mentionner tout d'abord la manipulation des énoncés, aussi bien dans le choix, dans la formulation, que dans l'organisation autour de thèmes prédéfinis. En effet, les énoncés soumis aux participants subissent souvent des transformations en cours de route ; les chercheurs ont tout le loisir de retenir les énoncés qu'ils préfèrent à partir des entrevues. Ils ne conservent alors que les énoncés qui semblent convenir en apparence aux objectifs préétablis de la recherche. Souvent, ils sont obligés de reformuler ces énoncés à leur guise, dans le but déclaré de rendre le tout plus explicite. Dans ce contexte, les entrevues visant à recueillir les idées des participants peuvent paraître insignifiantes. Aussi y a-t-il lieu de se demander : qu'adviendrait-il des résultats si les énoncés provenaient directement des répondants (s'ils n'étaient que légèrement nuancés, altérés ou retouchés), avec un haut degré de fidélité par rapport à la source, à la formulation de départ ?

Comme dernier élément, il importe de relever un problème marquant relié à l'utilisation de petits échantillons de participants. Nombre de cartes risquent d'avoir la même moyenne, parce qu'appartenant à la même classe de préférence. Cela nuit certainement à tout effort de discrimination fine, au cours des tâches évaluatives des répondants. Plusieurs adaptations sont aujourd'hui possibles et nécessaires ; cela offre un cadre de référence adéquat pour une approche méthodologique, en particulier dans des contextes de développement des recherches sur le partenariat.

5. Ils peuvent télécharger un logiciel, le Qmethod, qui facilite le traitement statistique des valeurs accordées à chacune des cartes selon sa classe de préférence. D'autres suggèrent d'employer un logiciel plus polyvalent, le SPSS.

1.2 Vers une approche plus partenariale

Au cours des dernières années, plusieurs recherches du groupe GIRAFE[6] visaient à mieux comprendre les représentations des partenaires des réseaux de services en réadaptation ; d'autres travaux ciblaient aussi les représentations dans les domaines de l'adaptation scolaire, de l'orthopédagogie et de l'éducation spécialisée. Pour favoriser l'esprit d'un véritable partenariat et laisser une place appropriée à chacun des acteurs, l'adoption et l'adaptation des pans importants de la méthodologie Q s'est avérée nécessaire. La participation des répondants à toutes les étapes de développement d'un projet rendait nécessaire le recours à une démarche adaptée de collecte des représentations, mais aussi une mise à jour des modalités d'analyse des données, compatibles avec les perspectives constructivistes ou socioconstructivistes. Comme le souligne Mayer (2000), une telle perspective « déplace l'accent traditionnellement mis sur les conditions objectives vers le processus par lequel se construisent les définitions de problèmes sociaux [...] conséquemment, les auteurs étudient les problèmes sociaux en partant des individus qui parviennent à les faire émerger en tant que problèmes et en mettant l'accent sur les intérêts des individus ou des groupes qui participent à la définition de ces problèmes » (p. 27).

En fait, il s'agit de déplacer le point de mire de la préoccupation des intérêts des chercheurs vers celle des intérêts des acteurs du phénomène à étudier. En particulier, l'étude du partenariat doit cibler les enjeux perçus par les acteurs ou les répondants sur le terrain. Ces derniers doivent participer activement à la recherche des solutions relatives à leurs difficultés ou leurs préoccupations. Ils doivent directement ou indirectement rendre compte de ce qu'un tel exercice d'échange leur apporte. Ils se retrouvent dans une action commune qui peut mettre en évidence leurs compétences et leurs limites personnelles. Cette quête vivante et dynamique de solutions

---

6. GIRAFE : Groupe inter-réseaux de recherche sur l'adaptation de la famille et de son environnement (www.uqo.ca/girafe).

fait de chaque répondant à la fois un producteur et un consommateur de la recherche.

Pour y arriver, le rôle des chercheurs doit, dans un premier temps, être centré sur le soutien méthodologique invitant les répondants à préciser leurs besoins. Les chercheurs doivent alors sortir de leurs prétentions scientifiques, abstraites et encyclopédiques. Ils doivent rendre cette expérience « active » et inciter tout le monde à jouer le jeu, à investir convenablement les différentes étapes proposées. Il s'agit évidemment de motiver les répondants en s'éloignant autant que possible des attitudes de sophistication propres à la plupart des démarches scientifiques connues. Son rôle contribue ainsi à l'analyse et à la résolution des problèmes d'un groupe ou d'une communauté ; il apporte la logistique nécessaire pour explorer en profondeur des situations particulières, transformer la réalité, et apprendre de manière engagée à faire une observation plus authentique des faits ou apports verbaux fournis par différents groupes appelés à réfléchir ensemble et à trouver des solutions à une situation qui pose problème.

L'analyse des représentations et perceptions des acteurs, dans ce cadre de partenariat, doit laisser naturellement plus de place aux interactions, aux explications verbales non dirigées, aux savoirs locaux formulés dans des situations de réunions particulières. C'est d'ailleurs dans ce sens qu'il faut lire les modalités proposées par Ouellet et Mayer (2000) et par Nadeau (1988) au sujet de la technique du groupe nominal développée dans le cadre des études sur l'analyse des besoins. Ainsi faudrait-il :

- tenir des rencontres structurées ;
- respecter une égalité de la participation dans la production d'idées ;
- réunir les participants dans un groupe de discussion ou de réflexion ;
- partager l'attention entre les aspects socio-affectifs des relations interpersonnelles des membres et l'exécution de la tâche ;
- distinguer nettement les étapes de production et d'évaluation ;

- dépersonnaliser le débat;
- procéder à l'évaluation des idées selon un vote secret;
- favoriser l'expression libre des idées, même les moins conformistes (p. 276).

À partir de ces balises se dessine petit à petit une méthodologie mixte dans laquelle les données (quantitatives et qualitatives) sont avant tout abordées comme complémentaires et susceptibles de fournir des informations plus riches aux fins d'analyses. Trudel et Mercier (2005) rappellent, à la suite de leur étude utilisant une approche mixte comprenant la méthodologie Q à des fins d'évaluation de la satisfaction des services, que:

> [...] cette utilisation combinée de deux méthodes ne doit cependant pas refléter un simple compromis méthodologique mais plutôt traduire une nouvelle façon de travailler et de concevoir la recherche en termes d'une approche-milieu basée sur l'analyse exhaustive des représentations des acteurs-terrain (p. 1).

Pour prendre en compte un plus grand nombre de critères, il devient nécessaire de bonifier la démarche méthodologique et de tirer un meilleur profit des fonctionnalités informatiques pour faciliter le traitement des données. De plus, il y a lieu d'apporter des suggestions pertinentes à la collecte des informations de base, de façon à amener tout le monde à apporter sa pierre à la construction des savoirs utiles à tous dans l'esprit d'une approche partenariale assurant une voix au chapitre à tous les acteurs, et cela dans un rapport d'égalité. Les stratégies de base permettent d'intégrer les idées de tous les participants dans des réalités de sources diverses, d'établir des liens entre les expériences des uns et des autres et les interprétations qu'ils en présentent, de formuler autrement et sans risque de préjugés les commentaires provenant des autres, de prendre des initiatives ainsi que des décisions en rapport avec des situations concrètes ou vécues.

2. EXPÉRIENCES MENÉES AVEC L'APPROCHE DRAP

Les premières expériences de recherche avec la version initiale de l'approche méthodologique DRAP remontent à une dizaine d'années. Depuis ce temps, plusieurs autres recherches ont permis de peaufiner la démarche et de développer un logiciel de collecte et de traitement des données. Quelques publications font état de l'évolution de cette méthodologie au cours des dernières années, en particulier Boudreault et Kalubi (sous presse) ; Boudreault et Michallet (2003) ; Boudreault, Moreau et Kalubi (2001).

UN EXEMPLE DE RECHERCHE AVEC DES PARENTS

Lors d'une recherche d'envergure menée auprès de parents d'enfants ayant une dysphasie (Boudreault et Michallet, 2003), il s'avérait nécessaire d'utiliser les nouvelles technologies pour saisir, compiler et analyser un très grand nombre de données. En effet, le projet visait à recueillir les perceptions de six groupes de parents (mères d'enfants de 0-5 ans ; pères 0-5 ans ; mères 6-10 ans ; pères 6-10 ans ; mères 11-18 ans et pères 11-18 ans), dans quatre régions différentes du Québec. Les nuances des représentations de la situation vécue à la maison à l'égard de trois aspects devaient ressortir selon les principales variables à l'étude, soit les conséquences d'avoir un enfant dysphasique à la maison, les stratégies mises en place pour composer avec la situation ainsi que les besoins émergents à court, moyen et long termes. La démarche DRAP qui favorise la collecte de perceptions directement auprès des répondants et le traitement des données aussi bien au plan qualitatif que quantitatif semblait tout à fait appropriée pour mettre en évidence certaines pistes de solution.

À l'origine, ce sont les besoins de travailler en partenariat avec les milieux de pratique qui ont suscité un questionnement relatif aux aspects fonctionnels de la méthodologie Q. En effet, les acteurs des projets de recherche ne se sentaient pas directement interpellés dans les recherches qui ne prenaient en compte qu'une partie de leurs représentations et, qui plus est, laissaient aux chercheurs tout le loisir de modifier leurs énoncés avant de les soumettre à l'appréciation des répondants[7]. La manipulation des informations de base ne permettait pas toujours de répondre à l'esprit du partenariat.

Avec la méthodologie DRAP, il faut dès le départ procéder à une planification de l'ensemble de la démarche de recherche pour prévoir les grandes lignes de toutes les étapes incluant les analyses (Boudreault, 2004). Il est important de le faire avant même de commencer la recherche de manière à ce que toutes les variables soient mises en place afin d'assurer une collecte complète des données, aussi bien quantitatives que qualitatives. À ce propos, Saint-Jacques (2000) suggère un modèle de plan d'analyse qui aide à réaliser cette étape de la collecte de données en ayant prévu à l'avance les critères à mettre en relations. En particulier, l'auteure insiste sur l'importance de bien structurer la démarche afin de préciser, avant même que ne débute la recherche, les variables présentes et les types d'analyses à prévoir. Dumas (2000) précise qu'avant même de procéder à l'analyse des données, il faut décider des tests statistiques qui seront utilisés. Il importe alors d'avoir des objectifs clairement définis qui indiquent ce qui est attendu comme produit final. Pour les analyses qualitatives, il faut aussi bien planifier non seulement la collecte des données, mais aussi les modalités de codage et de décodage comme le font valoir Hess *et al.* (2000). Conformément aux exigences de l'approche DRAP, le contenu de chaque énoncé est validé par le participant lui-même, tout de suite après sa formulation, et il ne devient plus nécessaire de faire cette opération de codage et de décodage par une équipe externe de juges. Ainsi, la fidélité des informations recueillies ne peut pas être mise en doute.

La méthodologie de l'approche DRAP débute par le choix des thèmes qui seront abordés lors des ateliers de groupes de réflexion[8],

---

7. Aussi est-il intéressant de retenir la boutade suivante formulée par une enseignante : « Un chercheur, il faut s'en méfier. Sinon, tu lui donnes la main, il ne se contente pas seulement de la prendre ; il te force plutôt à donner et la main, et le bras et la tête ! »

8. Voir des précisions terminologiques plus loin.

même s'il demeure possible de thématiser les énoncés à la fin de l'opération ou d'ajouter de nouveaux thèmes en cours de route. Habituellement, ces thèmes découlent directement des objectifs du projet ; les chercheurs les retiennent et savent bien où ils veulent se rendre à la fin de la recherche. Il en va de même pour les acteurs concernés, identifiés lors de la formulation du projet, de sorte qu'il devient facile de choisir des représentants significatifs pour participer aux groupes de réflexion.

C'est pourquoi un remue-méninges prenant la forme d'un groupe de réflexion a été placé dans les premières étapes de l'approche DRAP. Il réunit une vingtaine de personnes – impliquant des représentants des groupes d'acteurs – et dans ce cadre, tous les énoncés[9] sont écrits en verbatim et validés par l'émetteur. Les énoncés sont associés à un type d'énoncés (positif, négatif ou besoin), à un thème correspondant aux objectifs du projet et au groupe d'appartenance de l'émetteur de chaque énoncé. Ainsi, chacune de ces variables devient une forme de critères de tri des informations.

Il est prévu dans la démarche que les idées ne doivent pas être débattues lors de l'atelier de remue-méninges ; c'est d'ailleurs ce qui distingue cette formule de groupes de réflexion des groupes de discussion traditionnels. Toutes les perceptions des participants sont a priori considérées comme acceptables.

L'étape de recherche des pistes de solutions survient à la suite de la formulation de tous les énoncés pour l'ensemble des thèmes. Même si le logiciel permet d'afficher deux écrans de façon superposée, les participants devraient idéalement avoir sous la main la

9. Le terme « énoncé » renvoie à une phrase type formulée dans le cadre des échanges de remue-méninges. Il s'agit de toute partie de discours tenue par une seule personne lors de son tour de parole. Cette partie est délimitée par le tour de parole accordé avant ou après aux autres interlocuteurs. Le temps de traduction d'une réflexion en énoncé s'avère ainsi exclusif pour chaque locuteur participant aux rencontres de l'approche DRAP, dans la mesure où deux interlocuteurs ne sont pas autorisés à s'exprimer en même temps.

liste des énoncés triés selon les moyennes et les écarts-types afin de formuler des propositions de solutions de façon à :

- conserver ce qui fonctionne bien (les aspects positifs) ;
- surmonter les obstacles et difficultés (les aspects négatifs) ;
- répondre aux besoins (les souhaits et besoins manifestés).

Comme il a été fait pour les énoncés, il peut se révéler utile de procéder à une évaluation de chacune des pistes de solutions. La disponibilité de temps peut déterminer le choix de la méthode. Par exemple, il peut s'avérer plus rapide de faire simplement, en atelier, une évaluation des différentes propositions de solutions pour un même thème. Il est aussi possible de faire une évaluation individuelle dont les valeurs seront compilées pour favoriser un véritable classement des solutions selon leur importance.

Dans leur ouvrage intitulé *La dynamique de la confiance*, Le Cardinal, Guyonnet et Pouzoullic (1997) fournissent une source vive d'inspiration qui enrichit le cadre de référence de l'approche DRAP. Les auteurs visent en effet à faire valoir l'importance de la coopération dans la conduite de projets complexes. En partant des expériences du monde industriel, ces auteurs ont, dans leur étude, tenu à mettre l'accent sur les interrelations entre les acteurs pour mieux expliquer la réussite des projets d'envergure. La méthode d'analyse qui a été développée et baptisée « PAT-Miroir[10] » facilite la mise en évidence des facteurs explicatifs de la dynamique d'une équipe autour d'un projet. Comme pour l'approche DRAP, ses clés de réussite se trouvent surtout dans la planification et dans l'organisation des rencontres qui permettent de bien enchaîner les étapes prévues suivant le protocole méthodologique.

Les dimensions relationnelles, interactives et participatives sont importantes dans la méthodologie DRAP. En effet, même si les représentations ne sont pas discutées, mais seulement notées telles que verbalisées, il demeure qu'une véritable dynamique constructive

10. PAT pour « Peurs, Attraits et Tentations ».

s'installe rapidement dans le groupe, stimulant la réflexion et l'expression des idées. C'est ainsi qu'il arrive souvent qu'un participant rebondisse sur l'idée d'un autre en apportant des nuances dans un nouvel énoncé ou en faisant part d'une expérience tout à fait différente. Ceux qui prennent la parole en premier, du fait d'une facilité d'expression ou à la suite de certains événements marquants, finissent par entraîner les autres. Stimulés, ces derniers apportent alors des propositions originales, grâce aux différentes tentatives implicites basées sur l'association des idées. Chacun des participants intervient en fonction de ses caractéristiques, de ses attitudes, de sa personnalité et surtout de ses préoccupations. Les interactions entre participants suscitent l'envie de chacun de se différencier des autres, de leurs expériences, de leurs comportements dans le vécu quotidien.

Contrairement aux approches méthodologiques qui limitent le nombre d'énoncés – à l'instar de la méthode Q –, la méthodologie DRAP encourage plutôt l'expression de toutes les idées possibles, laissant les évaluations individuelles établir quels énoncés rencontrent l'assentiment de la majorité des participants. Il convient alors de parler des perceptions ou représentations de chaque participant qui, en toute subjectivité, attribue une valeur entre 0 et 9 pour chaque énoncé, sans se préoccuper du nombre d'énoncés ayant des valeurs semblables.

Lors de ces ateliers, le climat de travail s'oriente davantage vers la coconstruction d'un projet, à partir des représentations de ce qui fonctionne, de ce qui ne fonctionne pas, ainsi que des souhaits pour un meilleur fonctionnement. D'ailleurs, à la fin d'un atelier complet avec la démarche DRAP, il arrive souvent que les participants s'aperçoivent qu'ils n'étaient pas si éloignés les uns des autres. Il s'agit donc là aussi d'une bonne stratégie de gestion pour éviter des conflits, selon Fréchet (2005). En effet, la réflexivité des acteurs constitue la pierre angulaire de la recherche de solutions relatives aux situations de conflits, elle permet l'émergence de solutions visant l'actualisation du projet commun aux participants.

3. EN GUISE DE CONCLUSION PARTIELLE

Toute étude de représentations s'avère complexe et nécessite des entrées multiméthodologiques. Comme le souligne Rouquette (1992), il serait sans intérêt d'opposer un type de recherche à un autre. Chaque chercheur devrait dépasser les oppositions primaires entre chapelles (que celles-ci soient positivistes, postpositivistes ou constructivistes), de façon à procéder à des choix conséquents, fonctionnels, utiles. Pour déterminer le contenu, comprendre l'organisation des éléments et identifier les structures, les chercheurs recourent de plus en plus à des stratégies interrogatives et associatives, mais leurs applications varient énormément en fonction des terrains, des sujets et des attitudes des acteurs.

Afin de contrôler les dispositifs de cueillette d'information ou de données, l'approche Q décrite dans ce texte contribue à montrer la nécessité d'une réflexion approfondie quant au choix des instruments et à la prise en compte des dimensions de la subjectivité. À ce propos, Palmonari et Zani (2003) insistent sur le fait que toutes les études ont leurs limites : les « études menées avec des adolescents (par Rapley et Pretty) ont mis en évidence que le concept de sentiment de communauté, opérationnalisé dans le SCI, ne représente pas l'expérience des jeunes et leur compréhension de la communauté, parce qu'il est basé sur une construction académique et exprimé dans un langage non familier pour eux. De là l'intérêt d'utiliser davantage des méthodes qualitatives (telles que, par exemple, les groupes de discussion ou les groupes de réflexion) sans pour cela prétendre affirmer la supériorité d'une méthode sur l'autre, mettant plutôt en avant-scène la fécondité d'une approche qui intègre les deux » (p. 34).

Le choix d'une approche comprend certes son lot de contraintes, mais des évolutions peuvent être amorcées par les réalités du terrain. Faut-il parler plutôt de l'ère de compromis, alors même que la méthodologie s'inscrit dans une orientation qui exige stabilité et garantie des résultats objectifs ? L'objectivité du chercheur, rappelle Rouquette (1992), devrait l'amener à reconnaître que certaines dimensions importantes dans la mesure des habiletés, des com-

L'EXPÉRIENCE « IL PLEUT » DE STEPHENSON (1980)

Dans le but de faire ressortir l'importance de la subjectivité dans les perceptions, Stephenson a développé une théorie des concours, ce qui correspond à des savoirs partagés ancrés dans la subjectivité. En fait, il a proposé à plusieurs personnes de dire une phrase en commençant par « il pleut ». Ainsi, il a été capable de démontrer que les représentations que se font les gens de l'image ainsi évoquée varient beaucoup en fonction à la fois de leurs expériences et aussi de leur vécu au moment où la question est posée. C'est ainsi que certains vont y voir des avantages en disant « il pleut, je n'aurai pas besoin d'arroser », alors que d'autres des inconvénients en formulant ainsi leur énoncé : « il pleut, je ne pourrai pas aller jouer au golf ». D'autres encore pourraient se préoccuper d'aspects complètement étrangers à la situation en mentionnant l'impact d'une pluie sur leurs enfants qui sont partis pour l'école sans apporter les vêtements et accessoires appropriés.

Selon les personnes, les significations d'une même évocation peuvent varier beaucoup. L'univers des significations est infini, comme le souligne Gauzente (2005) qui rapporte cette expérience.

Avec la démarche DRAP, chaque participant doit puiser dans sa subjectivité pour exprimer ce qu'il vit par rapport à chacun des thèmes abordés. C'est l'ensemble de toutes ces perceptions individuelles qui va constituer un corpus riche traduisant les idées de tous les participants à un projet.

portements ou des attitudes échappent lamentablement à l'observation des évaluateurs, des chercheurs, des praticiens, bref, des acteurs. Or ces remarques appellent de nouvelles exigences dans les dispositifs de cueillette des données de recherche. Comme expliqué plus haut, le développement de la méthodologie DRAP s'inscrit dans cette perspective des réponses aux besoins de saisie et d'analyse des représentations en contexte d'interactions partenariales. D'où les consignes d'anticipation, dans un protocole actif qui exige des attitudes de disponibilité non directive chez tous les acteurs présents, qu'il s'agisse de chercheurs, de professionnels ou de parents. Au regard des points et schémas exposés, la méthodologie DRAP permet au chercheur de ne pas embrasser les théories du partenariat comme un « déjà là, un fait accompli », mais plutôt comme une construction émergente. Les idées premières en ressortent toujours modifiées, car tous les acteurs ont en permanence la possibilité d'apprendre et d'accumuler de nouvelles hypothèses, de clarifier de nouvelles attentes ou de reconnaître de nouveaux besoins.

3

NIVEAUX D'ANALYSE ET D'INTERPRÉTATION DANS L'APPROCHE DRAP

UN GROUPE DE RÉFLEXION POUR PARTAGER DES SAVOIRS

On peut distinguer trois grands types de finalités de la coopération dans la réalisation d'un projet. Le premier concerne les cas où seul compte le résultat du travail commun, par exemple, la production d'un objet bien défini, ou d'un document. Le deuxième a comme objectif principal l'apprentissage mutuel des compétences des différents acteurs. Le critère majeur de réussite sera le transfert de connaissances, de savoir-faire. Le troisième est tout orienté vers la recherche de nouveautés, de créations, d'inventions. Le critère principal est l'émergence de solutions originales provenant de l'interaction des compétences, des performances, des personnalités différentes.

Le Cardinal, G., Guyonnet, J.-F., Pouzoullic, B. (1997). *La dynamique de la confiance : construire la coopération dans les projets complexes*. Paris : Dunod, p. 61.

L'approche DRAP suscite l'émergence des meilleures idées pour trouver des solutions visant à maintenir ce qui va bien, à surmonter les difficultés et à réaliser les souhaits. Toute la réflexion autour des grands enjeux d'un projet requiert la participation directe des acteurs concernés pour assurer la réussite des types de finalités proposés.

Nous avons vu, dans les chapitres précédents, qu'un projet mené avec la méthodologie DRAP implique la mise en place d'un certain nombre d'étapes qui requièrent la participation active des principaux acteurs, et ce, de l'élaboration des objectifs jusqu'à l'identification des meilleures solutions appropriées. Grâce au logiciel DRAP et aux différentes étapes qu'il implique, une telle consultation s'avère réalisable. Ce logiciel garantit, en effet, la sauvegarde de toutes les idées et leurs traitements dans une perspective aussi bien qualitative que quantitative.

Le recours à cet outil suscite beaucoup d'enthousiasme, du fait de sa centration sur la recherche de solutions, de même que sur l'amélioration de la pratique existante. Toute idée apportée par un répondant peut être augmentée, bonifiée, reprise et réorientée par ses interlocuteurs ; d'où le besoin de comprendre les principes et les méthodes d'analyse des énoncés, tels que vécus sur le terrain. Une compréhension univoque du sens des mots et de la valeur attribuée aux énoncés introduirait certainement des biais importants dans l'interprétation et dans l'exploitation des résultats issus des analyses. Ainsi se pose le problème de niveau d'analyse et d'interprétation[1]. Cela consiste en quelque sorte à exiger une identification claire des modèles utilisés pour la découverte des significations ; c'est aussi contribuer à clarifier les liens entre divers principes sous-jacents et les données recueillies au cours des activités ou des rencontres organisées dans le cadre de l'approche DRAP. En effet, les problèmes de la signification demeurent au centre des préoccupations méthodologiques de tous les acteurs, de tous les analystes,

1. L'analyse et l'interprétation sont des processus basés sur les niveaux de compréhension. Elles impliquent non seulement le décodage des contenus de communication, mais aussi une traduction, une relecture ou une nouvelle vision du matériau de base à la lumière des principes priorisés, des techniques ajoutées ou de nouveaux angles d'aptitude identifiés.

de tous les chercheurs, malgré l'abondance actuelle des démarches et des outils d'analyse.

Il n'est donc pas vain de soulever des questions sur la pertinence du discours scientifique bâti à partir des données recueillies dans une activité de nature interactive, quel que soit le protocole méthodologique privilégié. Quels en sont les fondements, les présupposés, les rapports avec des pratiques sociales de référence ? La recherche de méthodes appropriées pour mieux expliquer ou expliciter les réalités sociales en question est une tâche de longue haleine, surtout dans des domaines comme celui de l'éducation, de la santé ou des services sociaux, où se déroulent en majeure partie les expériences d'analyse réflexive.

Par ailleurs, les instruments de description adaptés à l'étude du fonctionnement dynamique ou interactif devraient permettre de relier les données obtenues à l'hétérogénéité des caractéristiques, des mondes vécus, des univers d'expérience, des entités de vie, des identités d'acteurs, etc. Autrement dit, il s'agit de voir quelle science, quelle technique permettrait le mieux de décrire et d'expliciter les faits humains abordés par les répondants ou les participants à l'activité menée selon l'approche DRAP.

Il faudrait admettre d'avance les limites d'une position épistémologique qui pourrait encourager, sinon justifier de telles descriptions. L'ensemble des données peut être appréhendé à partir de mondes aux dimensions multiples : un monde de langages, un monde de mots, un monde lexical ou un monde de signes à organiser.

Ces mondes ne prennent de l'importance qu'en fonction de l'angle privilégié par l'analyste. Aussi s'avère-t-il pertinent de rappeler quelques-unes de ces dimensions afin de mettre en contexte l'activité scientifique d'analyse dans le cadre de l'approche DRAP.

Seront traités successivement les aspects suivants : (1) la dimension descriptive ou quantitative ; (2) les dimensions thématique et représentationnelle ; (3) la dimension réflexive ; et (4) la dimension comparative ou interdiscursive.

1. DIMENSIONS DESCRIPTIVE ET QUANTITATIVE

L'emprise exercée par les méthodes quantitatives a conduit de nombreux analystes à développer des stratégies d'application qui, tout en suscitant de l'enthousiasme, du respect ou de la crainte, n'ont attiré que peu d'attention sur la minceur des récoltes finales. Celles-ci révèlent souvent des défaillances conceptuelles de nature à rendre inopérantes nombre de procédures décrites. Même si les modèles mathématiques (statistiques) de référence sont hautement standardisés, il convient de faire attention aux choix exercés, car l'exactitude des démarches ne dépasse pas forcément le niveau de description guidant l'explication des phénomènes interactifs ou coopératifs.

Dans l'approche DRAP, la dimension quantitative (descriptive) souligne avec rigueur les liens entre les aspects de l'analyse collective de données et la signification des grilles élaborées après la première étape de collecte.

À partir des données saisies dans le support informatique, les répondants participent à des phases de l'analyse et permettent de dégager le niveau d'entente autour des priorités collectives, mais aussi d'accumuler des informations sur les caractéristiques des réponses préférées, de manière consensuelle, en guise de solutions. Le premier stade dans la dimension quantitative se vit avec le transfert des informations comportant l'attribution des valeurs numériques, en rapport avec chaque énoncé obtenu lors des étapes antérieures (voir chap. 1 et 2). Le résultat obtenu laisse penser à un questionnaire dûment rempli dans les approches traditionnelles d'enquête[2], avec en nombre restreint, des catégories significatives

2. Il est intéressant de mentionner sur ce point les interrogations de Philogène et Moscovici (2003) : « Nous pouvons parler d'une véritable industrie consacrée à recueillir les opinions, les intentions de vote, les réactions, les préférences, etc. d'une population. [...] Il est étrange de voir une de ces méthodes, la méthode expérimentale, prédominer dans la science, tandis que l'autre, l'enquête, s'impose dans la société et devient [...] emblématique de la modernité. [...] en résumé, nous voyons qu'une forte demande de quantification est en rapport avec la démocratie, le décompte des voix, et qu'elle exprime la vie collective, celle de l'homme moyen

où sont classées toutes les réponses données au cours de l'animation.

Dans l'approche DRAP, un plan d'analyse montre comment exploiter les statistiques descriptives ; des directives claires sont fournies pour l'interprétation des résultats du calcul des moyennes et des écarts-types. Les tableaux de résultats permettent d'abord de répondre aux questions de départ sous plusieurs angles. Les pourcentages obtenus dans chaque catégorie d'énoncés fournissent des renseignements non seulement sur le fonctionnement des groupes interviewés, mais aussi sur les réalités professionnelles et sociales abordées.

En consultant le tableau-synthèse de l'analyse quantitative, il est possible de voir d'un seul coup d'oeil le profil réel ou l'image de l'institution de référence, voire des services concernés.

La dimension quantitative comprend surtout des exigences d'ordre synthétique. Sous la guidance des analystes ou des chercheurs, les répondants participent à la réduction forcée, sinon au regroupement des informations énoncées au départ de manière extensive, prolifique ou explicative. Bien que située dans la continuité, cette phase suscite des remises en question, des épreuves d'autocritique et d'expérimentation. Elle est pleinement justifiée, dans la mesure où elle bénéficie toujours de la validation du groupe et où le plan d'analyse propre à l'approche DRAP signale d'avance le lien entre concepts à mesurer et les aspirations des groupes accueillis pour des interactions verbales. Il devient possible non seulement d'effectuer le contrôle et la fréquence de certains énoncés, qui renvoient à des thèmes spécifiques, mais aussi de mesurer les liens relatifs entre certaines attitudes, certains comportements.

Le plan de travail de l'approche DRAP prévoit de récolter suffisamment d'énoncés favorisant une analyse et une interprétation documentées. Plusieurs questions méritent toutefois une attention particulière :

[...]. Il y a aussi une exigence épistémologique, en rapport avec le positivisme: il faut que les données soient uniformes afin qu'on puisse établir leur régularité et qu'elles soient commensurables d'une théorie à l'autre» (p. 41).

LA RECHERCHE DE CONSENSUS : UN CHOIX CONFLICTUEL ?

Les sociétés modernes sont tenues de chercher le consensus. Trois instances peuvent trancher les désaccords : la tradition, comme héritage de règles... or elle perd son ascendant ; la science, comme jugement rationnel... mais elle perd de son autorité; le consensus, enfin, qui part des différences et vise une entente. Ce dernier se fonde sur un triptyque : choix, confiance et raison (Moscovici et Doise, 1992).

[...]

Pour beaucoup de gens, les dissensions sont les signes d'un trouble social, annonciateur du désordre et de la violence : le dialogue doit ramener l'accord. « En tout cas, mieux vaut abaisser le rideau du silence que de laisser le flot des paroles vociférantes donner une image brouillonne de la vie d'un parti ou d'une nation » (p. 7). Pour d'autres, le consensus apparaît comme une manipulation pour amener tous aux positions de certains dominants, aboutissant à une apparence d'harmonie. En principe, le «Consensus» renvoie à la décision unique et identique et valant pour tous ; tandis qu'un « compromis » se forge à partir d'une décision contextuelle respectant et permettant les différences.

Dès lors, dans quelle mesure l'utilisation du groupe de réflexion peut devenir un moyen permettant d'amener les répondants à adopter collectivement (et donc à s'engager dans) des solutions préparées à l'avance par les décideurs ? Que faire pour que la technique censée donner le même poids aux énoncés et réflexions de chacun ne puisse pas en fait imposer les convictions des meneurs, malgré la prise en compte technique de l'écart-type ?

Comment éviter des jeux de manipulation qui pourraient fausser les objectifs de la démarche technique ?

[...]

Pour apporter des propositions collectives de solution, tous les répondants partent des cas individuels. Toutefois, ces gens invités à la réflexion en groupe sont évidemment aux prises avec une tendance au conformisme, étant donné que, dans tous les groupes, les gens sont de compétences sociales hiérarchisées

(Bourdieu, 1972) ; à quelle condition peut-on remplir les objectifs assignés et ne pas tomber dans un partenariat de façade ?

Le débat ainsi amorcé ne fait qu'ouvrir des portes sur un questionnement par rapport à l'ensemble des instruments démocratiques sur lesquels s'appuient les chercheurs et analystes dans leur travail.

(Extrait adapté de ABP, message posté dans *Forum Webct*, Cours EDU 901-Méthodologie de la recherche, programme de Ph.D., Université de Sherbrooke.)

Dans quelle mesure la sélection des participants[3] a-t-elle une incidence sur le traitement, voire l'interprétation des résultats ?

- Quelle est l'incidence du calcul de la moyenne et de l'écart-type sur l'utilisation des résultats au cours de l'analyse réflexive ?
- Quel rapport entre les résultats et les hypothèses de recherche ?
- À quelle condition la grille intégrée dans l'approche DRAP peut-elle servir comme instrument de mesure ?
- Comment exporter les données quantitatives dans d'autres bases de données, dans d'autres logiciels ?
- Quels sont les mécanismes permettant de stabiliser les caractéristiques des répondants ou des participants ?
- Comment calculer les coefficients de cohérence et de standardisation ?
- Sous quelle forme sont accessibles les analyses corrélationnelles ? Sont-elles nécessaires ?

Toutes ces questions traduisent un ensemble de préoccupations qui ne peuvent pas être abordées obligatoirement et globalement dans un même projet. Elles peuvent néanmoins ouvrir la voie à d'autres formes d'application qu'il sied aux chercheurs de préciser et d'encadrer.

3. Ou même des sujets ou des répondants selon les paradigmes spécifiques entourant le projet de recherche.

2. DIMENSIONS THÉMATIQUE ET REPRÉSENTATIONNELLE

Grâce aux données accumulées dans le système DRAP, les principales significations vont être tirées d'une accumulation des faits et des énoncés validés. Chaque paramètre important doit être pris dans la perspective de ses liens avec des attitudes verbales et des préoccupations particulières. Chaque indicateur permet aussi de caractériser les différentes couleurs des rapports interpersonnels.

En dehors des procédés quantitatifs, l'approche DRAP met également l'accent sur la responsabilisation des acteurs, dans une dynamique de résolution de problèmes. L'énonciation des propositions se rapportant aux besoins particuliers stimule les acteurs à imaginer, de manière exploratoire, diverses stratégies afin d'aboutir ultérieurement à des solutions efficaces.

Par ailleurs, le recours à l'analyse thématique permet de faire ressortir les liens entre les données et le schéma global de l'approche DRAP, d'identifier les valeurs et les sentiments du groupe, de montrer le sens global que le groupe attribue à ses pratiques, malgré les choix mis en évidence par les catégories de signification. Pour Markova (2003), l'analyse thématique peut être reliée à l'analyse conversationnelle pour non seulement révéler « la progression de l'argument sur le plan du contenu », mais aussi pour attirer l'attention « sur le fait que ces arguments mettent souvent à l'épreuve les frontières ou les limites des accords ou désaccords avec autrui » (p. 239).

L'analyse thématique est en fait facilitée par la cohérence des données dont émerge tout de même un schème préalable, celui dominant l'ensemble du protocole de cueillette de données.

Cette phase d'analyse renvoie à un exercice d'observation qui fera émerger soit des aspects universels, soit des aspects exemplaires ou encore des points d'exception. Certes, l'approche DRAP apporte des facilités en offrant de larges catégories significatives ; la filiation entre ces catégories est déjà orientée par la démarche d'investissement collectif. Cependant, il faut reconnaître que cela comporte un caractère contraignant uniquement du point de vue méthodologique, et plus précisément du point de vue du respect de la cohérence entre les différents principes à suivre. Tout analyste dispose en effet d'une liberté d'investigation qui lui permet de saisir des rapports spécifiques et insoupçonnables entre les données recueillies, de repérer des « schèmes atypiques » (Moscovici *et al.*, 2003) lors de l'analyse des données de représentations, de reconstruire les mécanismes par lesquels individus et groupes en interaction négocient leurs représentations des besoins de reconnaissance (Poplimont, 2003 ; Sallabery, 1998). Cela suppose une liberté d'annotation systématique, de recodification et de recatégorisation du matériau recueilli, pourvu que les principes de base de l'analyse soient explicités, rappelés et respectés.

MISE EN CONTEXTE

L'interprétation qui en résulte s'opère à partir d'un travail transversal de mise en relation, voire de mise en contexte du matériau de recherche. Sont alors mises en évidence, par opposition comme par convergence, les conditions sociales ou professionnelles sous-jacentes.

La connaissance du contenu des propositions fait émerger un contexte d'analyse du discours qui permet, en définitive, de réduire les problèmes posés par la question des compétences interprétatives (Rastier, 1996). Toutefois, il faudrait noter les remarques de Markova (2003) : « Ces procédures pourraient être sujettes, de la part de l'individu-chercheur, à l'incompréhension de la communication dans le groupe, elles pourraient souffrir de son manque de formation ou être déterminées par les caractéristiques spécifiques du codeur [...]. Les analyses du chercheur (par exemple le codage, la thématisation, l'analyse des styles de discours et l'analyse conversationnelle) ainsi que ses interprétations doivent être validées par d'autres chercheurs » (p. 240). Ces propos confirment l'intérêt des étapes d'analyse dans l'approche DRAP, où le chercheur bénéficie du soutien à la validation, par l'engagement participatif des répondants.

3. DIMENSION RÉFLEXIVE

Dans une étude sur les approches interactionnistes, Bronckart (1997) montre que la coopération entre acteurs exige une somme de régulations émergeant grâce au langage et aux interactions dans le discours. L'acte de coopération se négocie avant tout dans la parole, dans les échanges verbaux. Il s'installe progressivement, entraînant l'évolution des représentations individuelles et collectives (Ghiglione, 1986).

C'est cette dimension de l'évolution progressive que prend en charge l'analyse réflexive ; celle-ci ne cherche pas à extraire des savoirs scientifiques élaborés par les répondants, mais plutôt de partir d'un discours improvisé sur les expériences antérieures, pour cerner les significations, grâce au protocole scientifique et validé de l'approche DRAP.

Les actions formulées en énoncés évoquent aussi bien des situations familières que des situations problématiques. Elles aident aussi à voir comment la prise de décisions dans un groupe est tributaire des obligations sociales, ainsi que les rôles extradiscursifs joués par les acteurs au quotidien. Chaque expérience évoquée enrichit le répertoire des savoirs (connaissances, habiletés et expériences emmagasinées).

COMPRÉHENSION DES ÉVÉNEMENTS

Au moment où se posent les questions du pourquoi et du comment des énoncés spécifiques obtenus au départ dans la phase de cueillette, l'analyste bénéficie d'un recul sur la compréhension des circonstances, des événements et des expériences. Ces différents éléments l'aident non seulement à questionner les croyances et circonstances entourant les actions antérieures, mais aussi à statuer sur l'orientation prise par l'étape de prise de décision, à en évaluer les impacts, à en interpréter les adéquations.

Par ailleurs, la dimension réflexive évoque un double registre : une action réflexive et une pensée réflexive (Dewey, 1933). Dans les deux cas, elle renvoie aux liens intrinsèques entre la manière de penser, la manière d'agir, y compris celle de penser l'action. Perrenoud (2003) propose, en plus, de prendre en considération la « réflexion sur le système d'action » (p. 37) qui intervient quand le répondant s'éloigne de son action singulière et entreprend de réfléchir sur les structures de son vécu, de sa réalité, de ses préoccupations, de ses actes quotidiens. Ces actes se succèdent au jour le jour et obéissent à des lois particulières que le praticien aspire inévitablement à connaître. Ils appartiennent à un même schème, malgré les variations apparentes. Lorsque le répondant s'exprime au cours des entretiens de l'approche DRAP, il peut montrer qu'il est conscient du schème dont relèvent ses habitudes, réflexes, routines et traits de caractère ; il peut aussi montrer les résultats de sa réflexion et l'évolution positive de sa conscience transformante, c'est-à-dire la capacité qu'il a de devenir quelqu'un d'autre. Il appartient à l'analyste de créer des conditions favorables à la compréhension de ce double processus de changement. Pour ce faire, il est forcé de suivre l'ensemble des initiatives de résolutions de problèmes telles qu'exposées dans les données recueillies, en repérant les bribes des théories et des approches verbalisées par les répondants (Edmonson et Fisher, 2002), en repérant les intentions déclarées au sujet de l'amélioration des pratiques, en identifiant les conditions de collaboration dont rendent compte différents témoignages. Brown et Irby (1997) recommandent d'envisager ces processus en termes de cycles de réflexion. Sans se laisser emprisonner par le caractère éphémère des propositions formulées lors de la cueillette des énoncés, l'analyste peut s'astreindre à des principes explicatifs en fonction des étapes normales d'une démarche d'observation des changements : sélectionner, décrire, analyser, évaluer et transformer. Au moment où se posent les questions du pourquoi et du comment des énoncés spécifiques obtenus au départ dans la phase de cueillette, l'analyste bénéficie d'un recul sur la compréhension des circonstances, des événements et des expériences. Ces différents éléments l'aident non seulement à questionner les croyances et les circonstances entourant les actions antérieures, mais aussi à statuer sur l'orientation prise par l'étape de prise de décision, à en évaluer les impacts, à en interpréter les adéquations.

Chaque formulation individuelle peut entraîner des effets durables sous l'angle des solutions effectives, au terme d'un temps d'action et d'observation. Il appartient à l'analyste de donner du sens aux applications pratiques, aux attitudes et aux comportements évoqués par les différents interlocuteurs (Pallascio et Lafortune, 2000).

4. DIMENSIONS COMPARATIVE ET INTERDISCURSIVE

Les dimensions comparative et interdiscursive paraissent incontournables dans la mesure où tout au long de la démarche, des propositions sont constamment reprises, reformulées ou nuancées dans de nouveaux termes. Ainsi, aucun énoncé formulé dans le contexte de l'approche DRAP ne peut être considéré comme un acte de parole isolé. Il renvoie à des termes génériques relatifs à l'interaction, à l'interlocution et à l'interdiscursivité (Rastier, 1987a, 1987b, 1987c, 1996).

L'analyste est alors placé dans une situation où l'ensemble de son matériel de travail provient tout le temps de deux ou plusieurs sources. L'évolution de ce matériel – dans ses articulations comme dans ses interconnexions – doit être questionnée et servir de base à une pluralité d'interprétations. Toutefois, pour être valide, chaque forme d'interprétation doit partir d'un examen des influences internes : suivre comment un répondant reformule seul, et de manière répétitive, la même proposition avec intention d'apporter des précisions sur l'idée. L'analyse peut ainsi, en dehors des catégories globales du protocole de cette approche, aider à faire une mini-histoire de chaque idée singulière, selon chaque participant ou chaque groupe de participants. De plus, cette analyse peut jouer sur des références externes ; c'est l'aspect le plus courant ou le plus visible dans ce dispositif d'analyse. Tous les énoncés significatifs sont bâtis sur le mode de reprises et reformulations à portée consensuelle. C'est pour cela que leur émergence comme choix collectif se justifie à la fin du processus.

L'analyse des données peut révéler aussi d'autres caractéristiques, qui sans s'imposer au moment des conclusions, permettent la progression de la démarche ; ainsi en est-il d'une partie des énoncés ouverts et généraux, formulés de manière vague par quelques participants. Ce sont ces énoncés qui servent de point de départ aux grandes idées caractéristiques des productions du groupe, à travers les étapes prévues pour la prise des décisions.

PLURALITÉ D'INTERPRÉTATIONS

L'évolution de ce matériau, dans ses articulations comme dans ses interconnexions doit être questionnée et servir de base à une pluralité d'interprétations. [...] Chaque forme d'interprétation peut partir d'un examen des influences internes: [on peut] suivre comment un répondant reformule seul, et de manière répétitive, la même proposition avec intention d'apporter des précisions sur l'idée. L'analyse peut ainsi, en dehors des catégories globales du protocole de cette approche, aider à faire une mini-histoire de chaque idée singulière, selon chaque participant ou chaque groupe de participants.

Par ailleurs, l'analyse proposée peut prendre un caractère prospectif, dans la mesure où elle érige le point de départ de tout débat ultérieur. Au cours des rencontres, les participants ne se contentent pas seulement de réagir contre ce qui s'est produit au cours d'une activité ou d'un projet ; ils ne questionnent pas seulement ce qui a été fait ; ils mettent surtout l'accent sur ce qu'il faudrait désormais faire. Ils contribuent à dresser un bilan critique du passé et à planifier adéquatement des actions à venir.

Il est aussi possible, dans l'optique des dynamiques de procrastination exposées par Darpy et Volle (2003), d'analyser le rythme d'engagement des participants dans la formulation des solutions. Dans l'étude citée ci-dessus, Darpy (2002) propose justement de suivre l'articulation entre les besoins spécifiques et le facteur temps pour mieux comprendre comment les uns et les autres évoluent vers la prise de décision, en traversant, au cours des discussions, des phases d'accélération et de décélération de leurs rythmes d'engagement. Car, faut-il le rappeler, tout au long de l'étape de collecte de données, les répondants ne discutent pas de contenu des propositions formulées. La possibilité d'un consensus n'est donc pas acquise au départ ; elle ne l'est pas non plus à partir d'un énoncé spécifique qui pourrait être situé à un moment donné du déroulement de l'analyse réflexive. D'une part, les participants ayant accepté de travailler ensemble se dotent d'une façon de distribuer la parole, de formuler leurs énoncés et d'exprimer leurs aspirations en tant que membres d'un groupe spécifique. D'autre part, leur engagement face à la décision prise suppose des attitudes de complicité envers les choix de leurs partenaires ; c'est cela qui pourrait leur donner l'impression au terme du processus d'avoir apporté une contribution importante ou d'avoir apprécié le climat d'écoute partagé avec les autres. Les indicateurs d'une telle complicité existent et se développent tout au long de la démarche implantée par l'approche DRAP. Mais elle n'est pas transparente ; elle exige plutôt une réflexion sur l'usage des instruments de réflexion.

4

PARTENARIATS EN QUESTION : DE L'INTERACTION À LA RÉCIPROCITÉ

UN NOUVEAU MODÈLE DE GESTION : L'ORGANISATION APPRENANTE

La capacité de l'entreprise à apprendre à s'adapter aux changements plus rapidement que ses concurrents devient un des principaux avantages. Le succès de l'entreprise est donc intimement lié à la capacité d'apprendre. L'entreprise à valeur ajoutée est une organisation apprenante, c'est-à-dire un lieu où les gens sont, en permanence, en train d'apprendre comment apprendre. Ce sont des lieux où inventer de nouvelles connaissances n'est pas une activité spéciale, mais une manière de se comporter, une manière d'être dans laquelle chacun est un artisan de la connaissance. Du point de vue opérationnel, l'organisation apprenante offre divers niveaux d'apprentissage, soit, les niveaux individuel, en équipe, organisationnel et clientèle. Dans un environnement où le travail d'équipe est essentiel, le gestionnaire doit s'efforcer de maintenir la cohésion du personnel et d'encourager sa participation.

Alain, M. (2002). *Réussir la performance des services aux clients.* Montréal : Éditions Nouvelles, p. 46.

La planification stratégique passe par la consultation, le partage des connaissances, la participation à la prise de décision. Avec l'approche DRAP, toutes les idées sont notées et soumises à l'appréciation des principaux groupes d'acteurs de l'organisation ; les gestionnaires sont assurés de recueillir les meilleures propositions pour améliorer la satisfaction de la clientèle.

Comme nous l'avons montré dans les chapitres précédents, la question qui se pose encore aujourd'hui en recherche, lorsqu'il s'agit de monter un projet qui implique différents partenaires, reste de savoir comment consulter adéquatement ces derniers. En effet, un véritable contexte de partenariat ne peut se limiter uniquement à la consultation et à la collecte des idées ; il se poursuit jusqu'à l'étape de la participation de tous à la prise de décisions.

C'est dans cette optique que s'inscrit l'approche DRAP qui vise à faciliter la communication entre les acteurs d'un projet, à faire cheminer la majorité des concernés vers des pistes de solutions en rapport avec leurs attentes. Cette approche propose une démarche systématique en vue de répondre à un problème de recherche ou un problème de gestion au sein d'une organisation. Le dispositif de cette approche vise à amener les acteurs concernés à partager leurs savoirs et leurs expériences, et à élaborer ensemble des solutions appropriées.

Il convient de noter que la transformation de la plupart des réseaux des services publics a mis l'accent sur l'autonomie des acteurs. Elle a mené à la promotion du partenariat ; c'est-à-dire à la reconnaissance des compétences collectives, ainsi qu'au partage des rôles, des tâches et des décisions par consensus. Bien que subsistent plusieurs défis d'ordres relationnel et communicationnel dans tous les services et organismes, le partenariat est désormais traité comme une nécessité ou comme une priorité, et suscite beaucoup d'engouement. Dans ce sens, Dunst (2004) parle d'un tournant décisif caractérisé par la prise en compte du développement des sentiments de compétence, afin de satisfaire la plupart des besoins de soutien.

Plusieurs recommandations relatives à la continuité et à la complémentarité des services ciblent l'innovation dans le développement comme voie destinée à mieux définir les termes ainsi que les objets de la collaboration (Pelletier, 1997). Des discussions concernant l'amélioration des conditions de partenariat semblent incontournables (Pelchat et Lefebvre, 2003 ; Kalubi et Bouchard, 1998) ; d'où l'intérêt de prêter attention aux facteurs humains et professionnels, ainsi qu'aux enjeux organisationnels d'un vrai partenariat. Des questions ont été soulevées par différents observateurs au sujet des attitudes partenariales adéquates : l'ouverture d'esprit, l'écoute, la transparence, la patience, la tolérance et la volonté d'aboutir à un compromis. Les rapports équilibrés entre partenaires semblent reposer essentiellement sur le respect mutuel et la reconnaissance des expertises réciproques. Le point de départ, dans un vrai partenariat, tourne autour d'un intérêt partagé traduisant l'adoption des objectifs communs (Clément, Tourigny et Doyon, 1999).

Les principes du partenariat constituent un refuge symbolique qui aide à la reconnaissance de la diversité des besoins des acteurs et à la mise à contribution des savoirs crédibles de leur part. Le partenariat est proposé par diverses instances comme une source d'influence, mais aussi comme un régisseur des automatismes relationnels favorisant la réussite dans la réciprocité et la bientraitance (Desmet et Pourtois, 2005).

Deux questions utiles – issues de plusieurs expériences antérieures – émergent pour analyser les interactions de partenariat : la question des risques-bénéfices réciproques encourus dans les relations entre partenaires, ainsi que la question des facilitateurs et renforçateurs dans les prises de décisions.

Dans le premier cas, une exigence de planification s'impose au cours des entretiens et lors des tâches assumées par chacun. Dans le deuxième cas, il est nécessaire d'adopter des mesures logistiques de soutien à la gestion des échanges, car la réciprocité est loin d'être une vertu naturelle chez tous les participants lors des rencontres ou des réflexions relatives aux pratiques de partenariat.

De telles questions fournissent des balises sur la pertinence de l'approche DRAP. Chacune de ces questions renvoie à un enjeu de type particulier qui peut être un enjeu d'ordre systémique et écologique, d'ordre réflexif ou d'ordre méthodologique. L'avantage de l'approche DRAP consiste à offrir les moyens de faire face à ces différents enjeux.

1. LE PARTENARIAT COMME ENJEU SYSTÉMIQUE

Pour comprendre les enjeux écosystémiques du partenariat, l'approche DRAP propose de partir aussi bien des paramètres décisifs permettant à tous les acteurs de mettre à profit leurs moyens de communication, que de l'exposé de leurs attentes vis-à-vis des mécanismes régulant les situations de collaboration.

Des stratégies mutuelles d'enrichissement sont axées sur l'apport des pairs, ainsi que sur les habiletés de reformulation pour représenter différents contextes d'intervention. Chaque milieu définit avec ses acteurs les conditions, le périmètre, les termes ainsi que les objets du partenariat à établir. L'une des parties doit prendre l'initiative d'énoncer ses priorités en fonction de ses prérogatives, de ses besoins et des bénéfices attendus.

Lorsque les prérogatives décisionnelles et les conduites verbales dominent les rencontres, l'accent est surtout mis sur la découverte des prétentions des différents acteurs.

Le caractère cyclique démonstratif ou réflexif de ces échanges a été mis à jour grâce à deux grilles d'analyse : l'une est spécialisée dans l'analyse des conduites verbales de coopération et de partenariat, et l'autre est inspirée de la théorie de l'agir communicationnel (Habermas, 1987). Les prétentions au pouvoir sont souvent non déclarées par chacun des acteurs ; certes, elles incitent ces derniers à faire accepter leurs propositions, à en discuter la validité, mais elles visent surtout à convaincre les autres interlocuteurs de la validité de leur plan de travail, de l'efficacité de leurs techniques, voire de l'amélioration de la qualité de leurs observations. Dans ce genre de jeu de pouvoir, tous peuvent se faire prendre au dépourvu et perdre du temps ; les acteurs n'ont pas seulement besoin de constats sur leur agir, mais aussi de nouveaux instruments pour aider à équilibrer la portée de leurs prétentions.

L'approche DRAP tend à autoriser ce fonctionnement circulaire prompt à fournir des savoirs de base et à éliminer des doutes caractéristiques relatifs aux phases de l'entrée en relation.

Les stratégies relatives à l'approche DRAP facilitent l'énonciation des revendications particulières et limitent les conduites propres à un pseudo-partenariat d'imposition. Les ententes résultant d'une telle pratique ne peuvent que rarement faire des perdants ; personne ne risque d'y perdre la face. Le partenariat réinventé sous cet angle tient plutôt une place importante au sein des intentions : l'intention de faire émerger des rapports d'égalité entre les parties, de miser sur la réciprocité. Ce partenariat peut être illustré comme une action raisonnée qui exige une série de décryptages, comme dans un mythe vivificateur destiné à scénariser les efforts de coexistence des acteurs et leurs démarches communes de résolution des problèmes.

En ce sens, aucune initiative ne peut être considérée comme le fait d'un geste isolé ; elle découle des opérations successives qui ont visé à préciser les décisions prises par consensus.

2. LE PARTENARIAT COMME ENJEU MÉTHODOLOGIQUE

La pratique de l'approche DRAP a instauré des conditions facilitantes à l'égard des relations de confiance et engagé plusieurs échanges productifs quant à la perception des objectifs fixés, aux situations de malaise, de même qu'aux difficultés de communication qui influencent ces relations. Pour ce faire, la pratique de partenariat privilégiée par l'approche DRAP s'appuie sur un dispositif orienté vers la recherche des solutions. La question qui doit être soulevée concerne le lien existant entre les interactions verbales structurées au cours de l'approche DRAP et son application pratique, concrète et vérifiable dans le milieu.

Dans ce texte, le recours aux travaux de Blanchard-Laville (2004) et Jaillon (2004) sur les pratiques professionnelles aide à cerner la nuance sémantique et à fournir un cadre symbolique au concept de partenariat qui sert de moteur de développement de l'approche DRAP.

Il s'agira de plus de s'appuyer sur le traitement que Labelle (1996) accorde au concept de réciprocité, de même que sur des études de représentations sociales. Le dispositif offert se base essentiellement sur des objectifs d'explicitation des pratiques sociales et professionnelles. Il institue chaque fois un environnement fixe, dont le développement ne dépend que de l'apport de tous les participants. Il est clair que ce dispositif est loin de répondre à des besoins universels. Il s'agira d'en tenir compte lors des différents usages en évaluant les tâches accomplies « non selon le degré de conformité aux options du lecteur moyen », mais plutôt en fonction de la contribution de cette démarche aux réalisations de la communauté scientifique, sur la « base de critères de validité spécifiques » énoncés dans l'expérience (De Rosa, 2000, p. 176). Aucune technique ne peut être tenue pour exhaustive, ni utilisée sans référence explicite aux dimensions objectives qu'elle entend explorer. Comme méthode d'analyse en groupe des situations de partenariat, la démarche caractérisant l'approche DRAP est élaborée selon une conception pluridisciplinaire. Elle provoque un agencement des stratégies d'expression tel que le fait d'observer, d'analyser, de comprendre ou d'agir, tout en contribuant à faire émerger la résultante du partenariat.

3. OBSERVER

Le partenariat est, dans le contexte actuel, abordé comme étant à la fois une valeur, un principe d'action et une forme de modélisation des pratiques. Il permet non seulement de disposer de points de repères (temps et lieux de parole), mais aussi de vivre au rythme de ses constructions, grâce aux systèmes d'animation et d'analyse mis en place. De plus, le respect des règles de fonctionnement de cette organisation met en lumière les sens de responsabilité et de sociabilité de chaque participant (Blanchard et Laville, 2004).

Le partenariat, tel que le définit Bouchard (1996), repose sur un résultat vérifiable qui correspond à la prise de décisions conjointe. La procédure privilégiée dans l'approche DRAP s'inscrit dans cette lignée, car elle est davantage centrée sur des solutions et des décisions qui permettront, à terme, de constater l'effet des éléments constitutifs du consensus sur les pratiques de partenariat.

En se référant aux résultats de travaux antérieurs, il convient de noter que les mesures qu'implique le logiciel de l'approche DRAP donnent aux acteurs la possibilité de se situer comme partenaires.

Elles leur donnent les moyens de fonctionner ensemble, de trouver des solutions, d'élaborer des décisions dans un climat purement démocratique, c'est-à-dire par l'autorité d'une frange majoritaire du groupe constitué. Ainsi, la prise de décisions sur des solutions fonctionnelles apparaît comme une construction du groupe, d'où le terme *coconstruction* utilisé dans les étapes de la démarche.

L'une des forces de l'approche DRAP consiste à mettre sur pied une activité dynamique. Il s'agit d'un système au sens de Ferdinand de Saussure (cité par Labelle, 1996, p. 249) : « totalité organisée, faite d'éléments solidaires ne pouvant être définis que les uns par rapport aux autres en fonction de leur place dans cette totalité ». L'analyse de ce système permet de clarifier les déterminants, les enjeux et les formes de pouvoir d'action.

LES CLÉS D'ANALYSE

Chaque participant fournit les clés d'analyse de sa situation de travail ou de sa situation sociale. Il aide à articuler les situations particulières aux pratiques collectives. Toutes les personnes concernées se montrent vite engagées et fournissent diverses réflexions sur leurs propres réalités. Tout le monde vient aux rencontres de groupe sans rapport écrit, sans préparation spécifique.

L'organisation systémique facilite l'engagement des acteurs sur le terrain ; elle favorise la concrétisation du partenariat. Ce dernier recouvre à la fois les aspects de l'apprentissage du mieux vivre ensemble et les principales attitudes des acteurs qui inscrivent leur agir dans un discours global, dans une pratique sociale et professionnelle en évolution. Chaque acteur engagé dans ce processus pose des actes de parole qui témoignent de son sens de responsabilité. Il se montre capable d'inscrire ses intentions dans le cours des choses par des initiatives qui relient l'ordre des intentions à celui des événements quotidiens.

Celui qui est invité à prendre la parole dans cette organisation partenariale s'engage dans une forme de jeu symbolique dominé par un postulat qui tend à reconnaître le caractère unique de l'agir décrit par les expériences de chacun. Si, au départ, il existe un savoir de base, une connaissance obligatoire du fonctionnement des institutions de référence, cela n'empêche nullement qu'en cours d'action, un questionnement se mette à fourmiller parmi les participants. Chacun ne parle de lui-même que dans la mesure où il espère entendre les autres s'exprimer sur leurs propres expériences, leurs questionnements, leurs inquiétudes et leurs propositions. Chaque participant se structure par rapport aux autres, dans la mesure où l'émergence de son appartenance au groupe provoque des interactions immédiates.

Dès lors, la prise de parole des uns et des autres est à la fois interlocutive et intersubjective (Labelle, 1996). Elle est meublée par ce que le candidat « sait déjà » (Labelle, 1996, p. 242). Ce savoir de base se découvre de manière progressive. Il se transforme aussitôt lorsque repris dans l'interlocution, dans la *re-création* menée par les autres participants. La parole des partenaires se matérialise dans une dynamique d'exposition à autrui qui peut être considérée comme « dangereuse » (Serres, 1991) ou conflictuelle selon les circonstances et les enjeux. En effet, en s'exprimant, le participant s'engage dans une distanciation critique. Il met en mots beaucoup de choses, beaucoup de faits qui lui semblaient aller de soi auparavant.

Une pièce importante de l'univers du partenariat se joue là, dans un tel processus actif, engagé, dynamique et transformationnel. Lorsque les partenaires entrent en scène, ils définissent inévitablement leur jeu par rapport aux propos énoncés par les autres. Ensemble, le groupe crée et recrée. La créativité est constamment stimulée ; elle fait surgir une histoire, une vision de l'organisation, une explicitation des rôles, etc. Le savoir final, terminal et validé au bout du parcours devient ainsi le fruit de l'élaboration, une émergence à partir des propos de chacun, des propos du groupe.

Selon la manière dont fonctionne l'approche DRAP, elle permet la mise en évidence des différences individuelles, la valorisation des contributions divergentes et la remise en question permanente et non conflictuelle. Tous sont encouragés à prendre conscience de

LE PARTENARIAT SE RECONSTRUIT

La pratique de partenariat se reconstruit dans un processus où l'on accepte au départ que les solutions ne soient ni fournies d'avance ni pré-inventées. Les dernières proviennent du travail inventif du groupe réuni pour la circonstance, à la recherche des décisions et solutions. La situation de rencontre oblige chacun à entendre les préoccupations, les questions et les suggestions des autres. Même sans les accepter, chaque acteur enregistre les préoccupations d'autrui et les respecte : chacun reçoit et donne sa part d'idées.

la polysémie des mots, ainsi que des sources d'ambiguïté et de malentendu. Ils prennent aussi conscience de la nécessité de sauvegarder la pluralité des significations.

Dans ces cercles de réflexion, l'écoute est primordiale ; c'est elle qui permet d'apprendre à négocier, à faire des choix, à renoncer à des demi-vérités qui, en apparence, font consensus dans les milieux professionnels.

4. CARACTÉRISTIQUES ET MODALITÉS DE LA PARTICIPATION (AGIR)

La nature de l'approche DRAP favorise la transformation des représentations fonctionnelles de l'action pour élever les pratiques quotidiennes au rang de savoirs d'action relatives aux réalités du partenariat. Comme le rappelle Beillerot (2002), pour un tel cadre, « ce qui intéresse les praticiens [...] ce n'est pas le savoir en soi, c'est son horizon » (cité par Debris, 2004, p. 78). C'est certainement pour cette raison que l'approche DRAP, en tant que démarche collective d'analyse, suscite de l'enthousiasme dans le milieu de la recherche.

Le but poursuivi n'est pas de faire vivre une expérience de rencontre aux uns et aux autres ; mais plutôt de cerner les contours des situations et des pratiques de partenariat, de dégager des obstacles et de repérer des enjeux complexes entourant l'agir professionnel et social. Comme résultat de cette participation, les acteurs témoignent du plaisir de partager ensemble le fait de penser, de créer, voire d'exposer leurs savoirs, savoir-faire et savoir-agir. Tout le monde peut constater les transformations en cours dans le rapport des uns aux autres, par l'écoute démontrée, le respect et la bienveillance affichés à l'endroit des autres partenaires.

APPRENDRE DES AUTRES, C'EST EXIGEANT

- Comme parent, j'ai appris beaucoup sur le tas, mais si l'intervenant me dit d'agir de telle façon et que tel autre me dit autre chose, ou qu'on me laisse le choix, etc., ça me cause des difficultés.
- C'est exigeant, je veux simplement être un parent normal.
- Je trouve ça lourd, tenir compte de l'opinion de tout le monde.
- J'accepte le changement de personnel, mais c'est lourd, c'est souvent à recommencer (extraits d'un rapport de recherche au centre de réadaptation CMR).

Un travail coopératif ou coélaboratif (Debris, 2004) s'instaure alors, sans recours à l'argument d'autorité. Chacun déstructure sa réalité et restructure ses savoirs au fur à mesure qu'évolue la séance de rencontre. La participation des uns et des autres produit différents types d'effets indéniables en termes d'identification des pratiques effectives, de questionnements des certitudes collectives, de résolution de problèmes, de construction collective du sens des actions et d'amélioration de la confiance en soi.

Les modes de participation privilégiés entraînent un développement des attitudes réflexives avec, comme autres corollaires, l'amélioration des capacités communicationnelles, une meilleure définition des phases des actes professionnels et sociaux, de même que l'amélioration de la capacité d'analyse en cours d'action. Tout cela va au-delà de l'aspect descriptif du discours sur l'action, au-delà des modes prescriptifs et évaluatifs des formations proposées.

Les bénéfices de ce mode de fonctionnement sont énormes, à commencer par la création d'un esprit de coopération authentique, axée sur l'idéologie du respect des différences.

Comme le rappellent plusieurs écoles sociologiques qui encouragent de telles pratiques, chaque participant à ces interactions détient un statut compris en tant que « personne en évolution », en tant qu'acteur « capable de développer et de combiner des ressources stratégiques » (Debris, 2004, p. 10), capable de sélectionner les éléments qui ont du sens par rapport aux pratiques décrites et qui apportent un surplus de significations pour le savoir partenarial en coconstruction. Il s'agit de reconnaître l'apport de la subjectivité à la reconfiguration des situations de partenariat.

Ainsi le confirme Enriquez (1997) : « la structure coopérative instaure les hommes au cœur même du conflit et de l'anxiété liée à la liberté. Elle ne peut se développer que si les individus acceptent [...] d'établir des compromis entre leurs désirs et ceux des autres » (cité dans Jaillon, 2004, p. 39). Toutes les situations sont comprises en fonction des représentations qu'en développent les protagonistes, sans que ces derniers ne se sentent moins experts[1].

Pour canaliser les caractéristiques particulières des expériences décrites, le rôle de l'animateur est d'une importance capitale. Il garantit le respect du schème des paroles ainsi que le respect des règles dans la mise en mots des expériences décrites. Il aide à questionner des lois qui fonctionnaient déjà depuis longtemps comme des évidences, des prénotions et des préjugés. L'animateur œuvre à tout instant à la création des conditions de l'émergence du savoir partenarial qui se trouve quelque part dans le groupe. Il donne vie à l'espace communicationnel de réflexion et d'élaboration des théories relatives à la pratique. De plus, il s'applique à susciter une ambiance chaleureuse pour amener les participants à parler librement de leurs pratiques, sans craindre le jugement des autres.

1. Il faudrait entendre par expert « celui qui sait poser un problème et répondre à des questions, notamment dans le domaine technique, où tout problème a une solution résultant d'un cheminement de pensée facilement identifiable (identification du problème, observation de l'installation ou des schémas, choix d'une solution en fonction de critères identifiables). Le savoir de l'expert est mesurable ; il se concrétise dans un rapport, une préconisation, une décision. L'expert peut quantifier son savoir en nombre de pages figurant dans un rapport d'expertise évaluable. »

L'animateur peut effectivement encourager les participants à prendre part au processus décisionnel qui, de toute façon, les concerne. Il doit stimuler en permanence le désir de participer, garantir un exercice de communication saine et respectueuse. L'animation correspond alors à un cheminement interactif fondé sur les efforts de chacun à expliciter ses réalités, pour permettre à l'autre de comprendre et de pratiquer des formules de dialogue constructif.

Chaque participant aide directement ou indirectement les autres à accéder à la reconnaissance de ses savoirs et savoir-faire, dans le but clair d'une prise de décisions en commun, en valorisant le mieux-être collectif.

5. COMPRENDRE POUR ANALYSER

Le discours des participants offre des possibilités de réflexion intéressantes qui renvoient à différentes dimensions du champ partenarial. Dans les échanges, chacun négocie un certain « savoir scientifique » dont il est scensé être légalement dépositaire ; en même temps, chacun fait partie du groupe du communs des mortels qui utilisent, de façon légitime, les savoirs de la vie quotidienne dans divers contextes (familles, groupes de pairs, etc.). Cela souligne l'importance des contextes d'action et de communication sur la compréhension, voire l'analyse des aspects du partenariat. Le degré d'engagement des uns et des autres dans l'action est saisi ou mesuré au travers de la parole précise énoncée par les participants dans les échanges mis en place.

Deux questions traduisent alors les préoccupations en matière de compréhension et d'analyse (Garnier, 2000). La première peut être formulée comme suit : comment traiter le matériel produit lors des interactions autrement que comme partie d'une représentation ou d'un système de représentation ? La deuxième question complète la précédente : doit-on démêler les propositions formulées par les participants sous l'angle des visions individuelles du partenariat ou sous l'angle de pensées collectives ?

Le discours commun s'alimente des réalités des locuteurs. Chaque personne élabore, dans sa pratique régulière, des croyances et des valeurs qui lui permettent une lecture particulière de ce qu'est une action professionnelle ou sociale cohérente. En effet, comme le rappelle Moscovici (2000), « ce qui apparaît vrai, observable » n'est pas toujours « aussi vrai ni aussi observable » (p. 49).

Pour comprendre la plupart des phénomènes qui se déroulent entre participants, l'observateur externe (l'animateur ou le chercheur) est « contraint de ne pas s'exposer, au-delà du nécessaire, à de terribles simplifications » (Moscovici, 2000, p. 49). Il est nécessaire de voir (à la manière de Searle) « jusqu'à quel point la fonction que le groupe choisit d'attribuer aux propriétés des choses est remplie de normes groupales, d'échelles de valeurs » (p. 48).

L'explication en est simple : les humains vivent dans un monde social et culturel construit dialogiquement. Ils en déduisent le sens, l'interprètent et le reconstruisent. Dans la perspective explorée par Bakhtine (1986) : « tout système cohérent de signes, tout texte, toute œuvre d'art, tout morceau de musique, toute interprétation historique possède des propriétés dialogiques toujours orientées vers d'autres esprits humains et vers d'autres cognitions. Lorsqu'un tel ensemble de signes est reconnu par les humains, il se transforme en "réflexion d'une réflexion" » (cité dans Markova, 2000, p. 58).

Le partenariat en tant qu'ensemble érigé de savoirs subit une telle transformation, dans la mesure où la préoccupation des acteurs est davantage tournée vers une recherche systématique de solutions. L'enjeu du partenariat dépasse largement le cadre des disciplines singulières des sciences humaines et sociales, il s'agit d'un phénomène qui se dévoile à partir des interactions entre acteurs, au carrefour des attentes, des opérations de contenu, des réflexions et des transformations de l'univers d'un groupe d'individus. Il en émerge une logique de discours ou de pensée qui se prête à des regroupements sémantiques, des comparaisons entre fragments, des influences intertextuelles ou interdiscursives. Les partenaires ne traduisent plus uniquement leurs opinions ni leurs attitudes sur les pratiques quotidiennes ; mais aussi des théories implicites sur le réel du partenariat, ses valeurs, ses notions-clés et son organisation. Ils instaurent un ordre d'où surgissent des repères qui facilitent la possibilité de se sentir membres d'une communauté.

Cette démarche et ce processus de construction du réel jouent un rôle crucial dans le développement du réel du partenariat et de son insertion dans le champ des pratiques sociales acceptées. Les contenus, les opérations et les processus génératifs et fonctionnels auxquels ils font appel sont inévitablement marqués et s'orientent vers la communication, la compréhension et la maîtrise des idées. Celles-ci à leur tour influencent, modifient ou bouleversent l'environnement social immédiat.

Le partenariat pris comme processus social et interactif renvoie aux conditions et contextes dans lesquels émergent les représentations énoncées et les conduites invoquées, de même qu'aux dispositifs de communication par lesquels se renforcent ces représentations, sans oublier les fonctions que servent les représentations et les conduites enregistrées.

Selon la logique de l'énonciation, les principes de cette démarche sont générateurs de prises de position et sont liés à des insertions spécifiques dans l'ensemble des rapports sociaux. En reconstituant le réel du partenariat, les partenaires attribuent des significations spécifiques à leurs gestes et leurs expériences.

Pour en analyser le contenu, plusieurs auteurs proposent de mettre l'accent sur la nature des informations et les types d'attitudes à répertorier. Concernant les informations, il convient de noter, dans l'optique de Moscovici (2000), qu'il s'agit de la quantité de connaissances et d'idées ; il s'agit aussi de l'organisation des énoncés s'y rapportant.

L'ensemble de ces informations, en fonction des contenus spécifiques, est avant tout organisé en unités hiérarchisées, autour de quelques éléments qui suggèrent la signification de base et se prêtent à divers types de traitement.

La démarche en question s'appuie sur des éléments cognitifs verbaux dont le potentiel interactif touche l'ensemble des informations organisées et structurées sous le concept de partenariat. Le partenariat abordé comme point focal de référence bénéficie d'une représentation symbolique présentée comme partagée, dans une visée pratique.

DEUX HUMANITÉS

- Admettre notre responsabilité et nos limites de part et d'autre. C'est exigeant, je veux simplement être un parent normal.
- Établir une relation de confiance, sans nécessairement être toujours d'accord.
- Il faut se trouver des moyens pour travailler ensemble.
- Le partenariat, c'est deux humanités qui se rencontrent ; il faut apprendre à se connaître, s'adapter et se respecter.
- Le partenariat concerne le respect des parents, des intervenants, de l'enfant, des personnes que nous sommes, de nos limites.

(Extraits d'un rapport de recherche au centre de réadaptation CMR.)

L'analyse du discours sur le partenariat consiste à générer un surplus de significations qui matérialise les observations réalisées. Les informations sélectionnées par le sujet parlant vont être triées au fur et à mesure, en fonction de la représentation développée au sujet des services reçus ou non reçus. Elles vont être par la suite catégorisées et interprétées en suivant la représentation centrale des pratiques de partenariat qui agit alors comme régisseur principal de la signification. Ces informations constituent les composantes d'un système d'explication qui s'avère, en définitive, être un système de médiation entre les pratiques effectives et l'ensemble de la société. Ce système est ouvert et génératif (Maingueneau, 1986) ; il aide à intégrer de la nouveauté, à se transformer à la faveur des différents énoncés. Sa saturation n'est que provisoire, temporaire, éphémère.

Pour les besoins de l'analyse, ce système d'informations constitué permet de repérer des éléments de contenu et leurs principes d'organisation. Ainsi devient-il facile d'appréhender non seulement la structure du partenariat, mais aussi de déterminer ses significations en observant les associations libres autour de mots inducteurs et de réaliser des tris hiérarchiques successifs en partant des énoncés fournis. Le résultat ou le constat de l'existence du partenariat – qui demeure la constitution d'un savoir collectif sur les pratiques – s'obtient à partir des étapes successives de restructuration fonctionnelle (Bardin, 2003). Les participants à la démarche démontrent en cours d'action leur compréhension des enjeux de la relation interactive ; ils exposent des réalités qui s'y rattachent, explorent et ajustent leurs conduites verbales ; ils renforcent leur identité au sein d'un groupe particulier dont les attentes et habitudes renvoient aux situations d'une communauté (Palomari et Zani, 2003). Pour mieux gérer les problèmes théoriques liés à ce type d'analyse, le chercheur, comme l'animateur désigné, doit faire des choix et présenter ses unités d'observation, de saisie, d'analyse ou d'approche du sens.

CONCLUSION

L'acronyme DRAP traduit une démarche méthodologique rigoureuse qui vise à recueillir puis à analyser les meilleures idées d'un projet en impliquant les personnes directement concernées. Supportée par un logiciel de gestion des données, la démarche s'inscrit dans un contexte partenarial alors que les principaux acteurs d'un projet sont appelés à partager leurs idées dans le cadre de groupes de réflexion. Plusieurs étapes s'enchaînent de façon à faire émerger les meilleures avenues de solution aux situations qui posent problème en prenant en compte le point de vue de tous les partenaires qui interagissent dans un rapport d'égalité et de respect.

La démarche DRAP s'est avérée efficace dans plusieurs contextes différents, particulièrement en recherche, en évaluation de programmes ou de services, en planification stratégique, en résolution de problèmes.

Les représentations que se font les personnes d'une même situation peuvent varier beaucoup selon les expériences de vie, les rôles, les intérêts, les attentes. Dans une perspective constructiviste, l'approche DRAP favorise la mise en commun des perceptions de chacun, puis facilite les analyses qualitatives et quantitatives de toutes ces idées. Grâce au logiciel de gestion des idées qui constitue à la fois une base de données, un chiffrier électronique, un classeur, un tableur et un graphiciel, différentes formes de traitements deviennent disponibles pour la clarification d'un projet faisant bien ressortir les aspects importants dans l'optique des répondants.

L'association à cinq critères souples de chacune des idées formulées par les participants devient la matière première du corpus à analyser. Outre la source d'information que représente le participant qui émet l'idée, sont aussi notées les intentions indiquées par le type de formulation, le sujet ou l'objet du propos selon le thème abordé, la catégorie d'idée et une caractéristique du contenu qui devient un attribut. Selon les besoins découlant des objectifs du projet, ces variables peuvent référer à diverses réalités de façon à rendre la démonstration visée la plus éloquente possible.

De multiples adaptations de la démarche ont fait leur preuve, comme en témoignent des articles scientifiques de recherche et des rapports d'intervention, dont quelques-uns concernant des agréments d'établissement du réseau de la santé et des services sociaux. En fait, dans tout contexte d'animation de groupe, la démarche DRAP permet aux participants de formuler librement leurs idées, d'évaluer les idées des autres, puis de partager la recherche de solutions qui font consensus. Petit à petit, avec ces diverses interactions, se construit ainsi au sein du groupe un véritable partenariat parce que chacun prend conscience des préoccupations des autres avec lesquels il doit ensuite trouver des solutions pour maintenir ce qui va bien, surmonter les difficultés et réaliser les souhaits en lien avec le projet.

La réflexion se poursuit encore pour l'équipe de recherche DRAP afin de développer de nouvelles fonctionnalités pour rencontrer davantage les besoins des chercheurs, des gestionnaires, des animateurs de groupes de réflexion qui cherchent des solutions en contexte de partenariat.

Bibliographie

Bakhtine, M. (1986). *Speech Genres and Other Late Essays*. Austin, TX: University of Texas Press

Bardin, L. (2003). L'analyse de contenu. *In* S. Moscovici et F. Buschini, F. (dir.), *Les méthodes des sciences humaines*. Paris: Presses universitaires de France.

Beillerot J. (2002). Être formateur aujourd'hui. *In* J. Beillerot (dir.), *Pédagogie: Chroniques d'une décennie (1991-2001)*. Paris: L'Harmattan.

Blain, F. et Boudreault, P. (2004). Table ronde sur le partenariat famille, école et communauté. *Vie Pédagogique*, *133*, novembre-décembre, 21-23.

Blanchard-Laville, C. (2004). L'analyse clinique des pratiques professionnelles: un espace de transitionnalité. *Éducation permanente*, 161(4), 16-30.

Boivin, M. (1997). *La pédagogie prospective: nouveau paradigme*. Sainte-Foy: Presses de l'Université du Québec.

Bouchard, J.M. (1996). Partenariat et coopération entre la famille et les services de réadaptation: où en sont les pratiques? *In* A. Roig (dir.), *La personne mentalement handicapée, sa famille et les services: quelle complémentarité, quelle coopération, quel partenariat?* (p. 143-160). Lausanne: Secrétariat suisse de pédagogie curative et spécialisée.

Boudreault, P. (2004). La recherche quantitative. *In* T. Karsenti et L. Savoie-Zajc (dir.), *La recherche en éducation: étapes et approches* (p. 151-180). Sherbrooke: CRP.

Boudreault, P. et Baignée, D. (2004). *Une démarche réflexive d'analyse pour l'agrément à l'INLB*. Communication présentée dans le cadre du colloque provincial de la Société québécoise d'évaluation de programme (SQEP), Québec, 30 octobre.

Boudreault, P. et Kalubi, J.-C. (sous presse). Expérimentation d'une démarche favorisant le partage des savoirs entre parents et intervenants. Actes du Congrès de l'AIRHM *Nommer nos défis, partager nos savoirs, ouvrir nos perspectives d'avenir.*

Boudreault, P. et Michallet, B. (2003). Une démarche de recherche favorisant l'émergence des perceptions des parents d'un enfant dysphasique. *Les Cahiers de l'Actif*, *330-331*, 189-200.

Boudreault, P., Kalubi, J.-C., Sorel, L., Beaupré, P. et Bouchard, J.-M. (1998). Recherches sur l'appropriation des savoirs et des savoir-faire entre parents et intervenants. *In* L.S. Éthier et J. Alary (dir.), *Comprendre la famille* (p. 316-330). Sainte-Foy: Presses de l'Université du Québec.

Boudreault, P., Moreau, A.C. et Kalubi, J.-C. (2001). L'inclusion des enfants qui ont un retard de développement au préscolaire: une préoccupation pancanadienne. *In* J.-C. Kalubi, J.-M. Bouchard, J.P. Pourtois et D. Pelchat (dir.), *Partenariat, coopération et appropriation des savoirs* (p. 121-138). Sherbrooke: CRP.

Bourdeau, M. Cdd-Uranie. Construction de discours sur les données. Document téléaccessible à l'adresse URL: <http://www.mgi.polymtl.ca/marc.bourdeau/Consultations/>. Consulté le 15 février 2006.

Bourdeau, M. et Fox, R.C. (2002). *Une étude de cas en méthodologie-Q: la perception de la qualité des soins à domicile par les usagers.* Document téléaccessible à l'adresse URL: <http ://www.mgi.polymtl.ca/marc.bourdeau/Consultations/>.

Bronckart, J.P. (1997). *Activité langagière, textes et discours: pour un interactionnisme socio-discursif.* Neuchâtel: Delachaux et Niestlé.

Brown, G. et Irby, B.J. (1997). *The principal portfolio.* Thousands Oaks, CA: Corwin Press.

Brown, S.R. (1996). Q-Methodology and qualitative research. *Qualitative Health Research*, 6(4), 561-567.

Clément, M.E., Tourigny, M. et Doyon, M. (1999). Facteurs liés à l'échec d'un partenariat entre un organisme communautaire et un CLSC: une étude exploratoire. *NPS*, 12(2).

Darpy, D. (2002). Le report d'achat expliqué par le trait de procrastination et le potentiel de procrastination. *Recherche et Applications en Marketing*, 17(2), 1-21.

Darpy, D. et Volle, P. (2003). *Comportements du consommateur - Concepts et Outils.* Paris: Dunod.

De Landsheere, G. (1982). *Introduction à la recherche en éducation.* Liège: G. Thone.

De Rosa, A.M.S. (2000). Le besoin d'une théorie de la méthode. *In* C. Garnier (dir.), *Les formes de pensée sociale* (p. 151-188). Paris: Presses universitaires de France.

Debris, S. (2004). L'analyse de pratiques en médecine générale: enjeux de savoir et savoirs en jeu. *Éducation permanente*, 161(4), 69-82.

Desmet, H. et Pourtois, J.P. (2005). *Culture et bientraitance.* Bruxelles: De Boeck.

Dewey, J. (1933). *How we think? A restatement of the relation of reflective thinking in the educationnal process.* Chigago: Henry Regnery.

Dumas, C. (2000). *L'analyse des données de base.* *In* Vallerand, R.J., Hess, U. Méthodes de recherche en psychologie. Montréal: Morin.

Dunst, C.J. (2004). An integrated framework for practicing early childhood intervention and family support. *Perspectives in Education*, 22(2), 1-16.

Eco, U. (1992). *Les limites de l'interprétation.* Paris: Grasset et Fasquelle.

Edmonson, S. et Fisher, A. (2002). *Aspiring administrators: promoting reflective leadership practices.* Conférence annuelle de l'Association for supervision and curriculum development, San Antonio, TX, mars.

Enriquez, E. (1997). *Jeux du pouvoir et du désir dans l'entreprise.* Paris: Desclée de Brouwer.

Fréchet, M. (2005). *Prévenir les conflits dans les partenariats d'innovation.* Paris: FNEGE.

Garnier, C. (2000). La pensée sociale: questions vives. *In* C. Garnier (dir.), *Les formes de pensée sociale* (p. 1-17). Paris: Presses universitaires de France.

Gauzente, C. (2005). La méthodologie Q et l'étude de la subjectivité. *In* P. Roussel et F. Wacheux (dir.), *Management des ressources humaines: méthodes de recherche en sciences humaines et sociales* (p. 178-205). Bruxelles: De Boeck.

Ghiglione, R. (1986). *L'homme communiquant*. Paris: Armand Colin.

Habermas, J. (1987). *Théorie de l'agir communicationnel*. Paris: Fayard.

Hess, U., Sénécal, S., Vallerand, R.J. (2000). *Les méthodes quantitative et qualitative en psychologie*; dans Vallerand, R.J., Hess, U. Méthodes de recherche en psychologie. Montréal: Morin.

Jaillon, D. (2004). La socianalyse des pratiques professionnelles. *Éducation permanente*, 161(4), 31-44.

Kalubi, J.C. (2004). Participation des parents à l'intégration des technologies de soutien pour jeunes enfants vivant avec des incapacités: autonomie et processus d'adaptation. *Cahiers de l'Actif*, 332-335, 145-156.

Kalubi, J.C. (2005). Trois questions sur le développement des communautés d'apprentissage en milieu scolaire. *In* B. Mabilon-Bonfils (dir.). *Violence scolaire et cultures* (p. 161-172). Paris: L'Harmattan.

Kalubi, J.-C. et Bouchard, J.-M. (1998). Les relations entre professionnels et parents d'une personne vivant avec une déficience intellectuelle: situations d'aise et de malaise. *Revue francophone de la déficience intellectuelle*, spécial Recherche-défi, mai.

Kalubi, J.C. et Debeurme, G. (2004). Sémiotique de l'identité enseignante: entre être et paraître un bon stratège. *In* J.C. Kalubi et G. Debeurme (dir.), *Identités professionnelles et interventions éducatives: contextes de formation de futurs enseignants* (p. 245-249). Sherbrooke: CRP.

Kalubi, J.C., Lenoir, Y., Houde, S. et Lebrun, J. (2004). Entre violence et incivilité: effets et limites d'une intervention basée sur les communautés d'apprentissage. Éducation et Francophonie, Vol. XXXII (1), <téléaccessible à l'adresse http://www.acelf.ca/revue>.

Karsenti, K., Savoie-Zajc, L. (2004), *La recherche en éducation: étapes et approches*. Sherbrooke: CRP.

Krathwohl, D.R. (1998). *Methods of educational and social science research: an integrated approch*. New York: Addison Wesley Longman.

Labelle, J.M. (1996). *La réciprocité éducative*. Paris: Presses universitaires de France.

Laure, F. (2004). *Le guide des techniques d'animation*. Paris: Dunod. 2e édition.

Le Cardinal, G., Guyonnet, J.-F. et Pouzillic, B. (1997). *La dynamique de la confiance: construire la coopération dans les projets complexes*. Paris: Dunod.

Legendre, R. (2005). *Dictionnaire actuel de l'éducation*. Montréal: Guérin.

Maingueneau, D. (1986). *Initiation aux méthodes de l'analyse du discours*. Paris: Hachette.

Markova, I. (2000). Des *thêmata* de base des représentations sociales du sida. *In* C. Garnier (dir.), *Les formes de pensée sociale* (p. 55-77). Paris: Presses universitaires de France.

Markova, I. (2003). Les focus groups. *In* S. Moscovici et F. Buschini (dir.), *Les méthodes des sciences humaines* (p. 221-242). Paris: Presses universitaires de France.

Martella, R.C., Nelson, R., Marchand-Martella, N.E. (1999). *Research Methods: learning to become a critical research consumer*. Boston: Allyn and Bacon.

Mayer, R. (2000). L'évolution de la recherche sociale au Québec: 1960-2000. *In* P. Roussel et F. Wacheux (dir.), *Management des ressources humaines: méthodes de recherche en sciences humaines et sociales* (p. 178-205). Bruxelles: De Boeck.

Mayer, R., Ouellet, F., Saint-Jacques, M.C., Turcotte, D. (2000). Méthodes de recherche en intervention sociale. Montréal: Gaétan Morin.

Moscovici, S. (2000). Pensée stigmatique et pensée symbolique: deux formes de la pensée sociale. *In* C. Garnier (dir.), *Les formes de pensée sociale* (p. 21-53). Paris: Presses universitaires de France.

Moscovici, S. et Buschini, S. (2003). *Méthodes de recherche en sciences humaines*. Paris: Presses universitaires de France.

Nadeau, M.A. (1988). *L'analyse des besoins: l'évaluation de programmes, théorie et pratique*. Québec: Presse de l'Université Laval. 2e éd.

Nuttin, J. (1971). *La structure de la personnalité*. Paris: Presses universitaires de France.

Ouellet, F. et Mayer, R. (2000). L'analyse des besoins. *In* P. Roussel et F. Wacheux (dir.), Management des ressources humaines: méthodes de recherche en sciences humaines et sociales (p. 178-205). Bruxelles: De Boeck.

Palacio-Quintin, E. et Moore, J. (2004). Les enfants maltraités placés en famille d'accueil: leurs relations d'attachement aux deux familles. *In* E. Palacio-Quintin, J.M. Bouchard et B. Terrisse (dir.), *Questions d'éducation familiale* (p. 155-176). Montréal: Logiques.

Pallascio, R. et Lafortune, L. (2000). *Développer une pensée réflexive en éducation*. Montréal: Logiques.

Palmonari, A. et Zani, B. (2003). Les études de communautés. *In* S. Moscovici et F. Buschini (dir.), *Les méthodes des sciences humaines* (p. 13-38). Paris: Presses universitaires de France.

Pelchat, D. et Lefebvre, H. (2003). Appropriation des avoirs parentaux dans la continuité des services pour les familles ayant un enfant atteint d'une déficience motrice cérébrale. Difficultés de communication dans les relations entre familles et professionnels. *Éducation et francophonie*, 31(1).

Pelchat, D., Lefebvre, H., Proulx, M. et Bouchard, J.-M. (2001). Le partenariat: contextes d'apprentissage. *In* J.-C. Kalubi, J.-M. Bouchard, J.-P. Pourtois et D. Pelchat (dir.), *Partenariat, coopération et appropriation des savoirs* (p. 43-56). Sherbrooke: CRP.

Pelletier, G. (1997). Le partenariat: du discours à l'action. *La Revue des échanges*, 14(3).

Perrenoud, P. (2003). Développer la pratique réflexive dans le métier d'enseignant. Paris: ESF.

Philogène, G. et Moscovici, S. (2003). Enquêtes et sondages. *In* S. Moscovici et F. Buschini (dir.), *Les méthodes des sciences humaines* (p. 39-58). Paris: Presses universitaires de France.

Poplimont, C. (2003). Représentations sociales et formation par alternance. *Éducation permanente*, 155, 67-78.

Ramond, P. (2002). *Le management opérationnel des équipes*. Paris : Maxima.

Rastier, F. (1987a). Sur la sémantique des réseaux. *Quaderni di semantica*, 15, 109-124.

Rastier, F. (1987b). Dialogue homme-machine et représentation de l'interlocuteur. *Technologos*, 4, 35-53.

Rastier, F. (1987c). Formalismes de l'Intelligence artificielle et représentations du contenu lexical. *Langages*, 87, 79-102.

Rastier, F. (1996). *Sémantique interprétative* (2e éd. revue et augmentée). Paris : Presses universitaires de France (1re éd. 1987).

Rouquette, M.L. (1992). Un modèle associatif pour la représentation des connaissances déclaratives. *Bulletin de psychologie*, numéro spécial.

Saint-Jacques, M.-C. (2000). L'analyse de données quantitatives. *In* Mayer, R., Ouellet, F., Saint-Jacques, M.C., Turcotte, D. (2000). Méthodes de recherche en intervention sociale. Montréal : Gaétan Morin.

Sallabery, J.C. (1998). *Groupe, création et alternance*. Paris : L'Harmattan.

Schön, D. (1991). *Cases in reflective practice*. New York : Teacher College Press.

Schön, D. (1994). *Le praticien réflexif. À la recherche du savoir caché dans l'agir professionnel*. Montréal : Logiques.

Schön, D. (1996). À la recherche d'une nouvelle épistémologie de la pratique et de ce qu'elle implique pour l'éducation des adultes. *In* J.M. Barbier (dir). *Savoirs théoriques et savoirs d'action*. Paris : Presses universitaires de France.

Serres, M. (1991). *Le tiers-instruit*. Paris : François Bourin.

Stephenson, W. (1953). *The Study of Behavior : Q-technique and its Methodology*. Chicago, IL : University of Chicago Press.

Trudel, M. et Mercier, H. (2005). Pourquoi évaluer ? Question de diagnostic, d'objectif d'intervention ou de consensus clinique ? Actes de la journée d'études *La famille bientraitante : le recours contre la négligence et la maltraitance. Évaluation du potentiel de résilience des familles*, Université du Québec à Trois-Rivières, Trois-Rivières, 27-28 juin.

Vallerand, R.J., Hess, U. (2000). Méthodes de recherche en psychologie. Montréal : Morin.

POUR ALLER PLUS LOIN

Des informations supplémentaires concernant le logiciel sont disponibles sur le site WEB à l'adresse suivante :

http://www3.sympatico.ca/paulboudreault/DRAP

Y sont expliquées les modalités pour préparer un nouveau projet avec la méthodologie DRAP ainsi que les démarches à faire pour se procurer une copie du logiciel.